经济不平等

Inequality

人人应知的事

What Everyone Needs to Know

[美] 詹姆斯·K.加尔布雷思　James K. Galbraith　著

吴婷　译

格致出版社　上海人民出版社

推荐序

　　格致出版社编辑邀请我为《经济不平等：人人应知的事》一书的中文译稿写个推介性的前言，我欣然应允。本书的英文原版我原是看过的，但是看得比较笼统和粗疏。现在看看中文版，更觉得此书真是一本介绍收入分配差别的好书，值得向中国广大读者介绍和推荐，相信学界、政界以及商业界的朋友们，都可能从中受益。我以为这本字数不多的小册子，至少有如下几个特点：

　　首先，这本书是系统介绍关于不平等问题的一本好书。要使专门及并不专门研究不平等问题的非经济学学科及一般社会各界朋友，都能够大致知道不平等问题的原委，来龙去脉，非得有相当的系统性不可。这本小书做到了。打开此书，从提出问题开始，即从政治的、经济的及制度的不平等基本概念进行了描述，让读者从一开始就有一个清晰的认识，并特别提示读者应当明白为什么经济角度的不平等具有重要意义。然后循序渐进地介绍了在经济思想发展史中，不平等问题的起源及演变，有哪些著名学者阐述了关于不平等的看法，以及其认识上有些什么曲折，从而提出了哪些多种多样的与当时社会相关联的理论假说。这就相当于带领读者浏览了几百年来浩如烟海的学术著作，包括经济学著作和政治学著作。接着讨论了经济不平等的类别，如种族差别、性别差异、国别不同，以及绝对差别和相对差别等。由此转入收入分配领域的介绍，说明收入概念包含什么，总收入、净收入、可支配收入等是如何界定的；进而收入分配差别是如何衡量的，有什么测算方法等。接下来便是符合逻辑地介绍应用这些概念和方法进行实际测算的结果，比如介绍了作者熟悉的美国的收入不平等，近年来作者致力于研究的全球多国不平等，以及其变动趋势、后果、应对政策等。读者跟随作者从不平等问题之"长河"的源头开始，"漂流"到当代社会的现实社会中，停留在当前的不平等状态之"浅滩"上。作为一般了解的朋友，便可以跳下"漂流船"休息了，你沿河一路看到了什么，有什么值得欣赏和回味的，取决于你的欣赏水平，而那些专业学者沿河而下一定是看到并学习到了他们最想知道的东西，他们或许会恋恋不舍地不肯下船，或许会冲到现实的浅滩上盘桓，有些很可能会再上船重新漂流一次，有非得再学习一遍不可的冲动。要达到这样效果的系统性介绍实属不易。要保持如此顺畅有序的介绍，必得有重点有取舍，没有好的理论素养是断不能完成的。

　　其次,此书是全面介绍关于不平等问题的一本好书。所谓全面,我的意思是指关于不平等问题的方方面面都涉及了,类似一本关于不平等问题的辞书、词典。词典,大家都知道,是关于一些概念的全面的介绍,词典的功能就是尽其所能地提供读者查阅到任何问题的答案。比如关于不平等的种类,介绍了政治上的、法律上的、制度上的、阶层的、种族的、工资的、收入的,以及财富的分配不平等,等等。一般读者知道了这些概念应当对不平等就会有基本的了解了。又如关于收入不平等的测度,作者从作为基础的人口—收入百份位分解法开始,深入浅出地介绍了洛伦兹曲线的样式和含义,以及收入差别泰尔指数、基尼系数等各指标在衡量收入不平等过程中的优点和不足,甚至还特别介绍了剑桥大学经济学家加布里埃尔·帕尔玛(Gabriel Palma)最新发明的帕尔玛比值(Palma ratio),即 10％最高收入人口的总收入与40％最低收入人口的总收入之比,此指标假定在这一比值之外的中上阶层在各国总收入中份额保持稳定,从而不平等本质上是贫穷 40％的人口和最富有 10％的人口间的收入份额变动。这就使读者对收入分配的测算指标,有了更加全面的理解。再如,关于收入不平等制约因素及趋势,在讨论了美国国内不平等与技术、教育、贸易、家庭、种族、移民及工会的关系后,通过讨论国际上各国收入不平等与经济发展、政治制度、战争,以及金融体制的关系得出结论说,"政治制度仍然是防止不平等加剧的堡垒"；"当用可靠的世界数据分析时，库兹涅茨的核心观点仍然有效"。从全球多数国家情况看，"收入不平等大幅上升似乎主要是 1980—2000 年间的一种现象。2000 年以后……不平等都有下降的趋势"。从而他对近几年流行的法国学者皮凯蒂利用小得多的三十几个国家的样本，得出的全球收入不平等上升的看法提出了直接批评，甚至将其提议的金融资产累进税视为"乌托邦式的"徒劳。于是，这便使本书的介绍位于国际学术界理论研究的最前沿。如此全面和新颖的介绍，便使这本小书真正同百科全书式的词典有一比，但本书又不同于一般词典那样只是正面阐述，板起面孔说教，而多是提示性的，点到为止。

再次，此书最重要的特长，是一本通俗易懂的关于不平等的好书。这本书的书名已经透露，本书不是一本专业的学术论文集，也不是注释累累、旁征博引的长篇学术著述，而是作者为牛津大学出版社出版的一套"人人应知之事"系列图书中的一种，是应约而写的一本关于收入不平等问题的知识问答，因而是介绍相关理论看法和事实的普及型书籍。诚如作者所言，"本书并非一本专业技术书，而是追求可读性"。所以，本书的用语都尽可能地通俗、浅显、易读。由于是通俗学术读物，作者也不得不在"本书尽量减少引用"、注释、证明等（但"凡是文中提及或引用的来源均在末尾给出了参考资料"），从而便避免了专业学术论著常有的但往往令一般读者生厌的一些特点;在介绍关于收入不平等的那些测算指标时,也没有直接介绍各指标的计算公式,而是放在附录中做了专门说明,这样处理就既考虑了专业学者需要,也保证了大众朋友阅读的通畅和顺利。所以,翻开此书令人不忍放下,真正是开卷有益,必欲通读完毕而后觉满足、爽快、惬意。比如,为说明鼓动国会降低针对演员、律师、体育明星等的高额累进所得税率,作者举出了其幕后操纵的三个关键人物,分别是前职业运动员、众议员杰克·坎普(Jack Kemp)、参议员比尔·布拉德利(Bill Bradley),以及前电影明星、总统罗纳德·里根(Ronald Reagan),说他们将自己的高收入视为特殊的个人价值和吸引力的结果,是既形象生动又令人高度信服的。书中最后在题外话讨论了"经济平等与战争胜负"的关系,将关于战争的民主胜利假说与平等主义胜利假说进行了事实比较,得出"平等主义胜利假说在绝大多数情况下准确地预测了结果",从而使那些相信资本主义经济秩序"可以与当今世界持续的军事统治相结合的人"感受到了不安。对这些看法中所包含的实证性很强的马克思主义历史唯物意识,我是由衷地点赞、深表赞赏。

更令我佩服的是,书中多处可见关于不平等的比喻式真知灼见。我自己觉得,如何形象浅显地说明不平等变动与一个经济体正常运转的关系,必得花费不少的文字或口舌,对一个专业学者来说必得运用大量数据及公式等，否则的确不易有完美的解释。可是本书作者，关于不平等程度对一个健康经济体的运行究竟是好是坏的说明，只是进行了一个简单的生物学类比，就轻松清楚地解释明白了。他说："经济不平等的衡量标准似乎有点像人类的血压。有一个可以被认定为健康的正常范围；在这个范围内，数值越低通常越好。正如血压一样，不平等太低，则经济机体会变得迟缓，反应迟钝。而完全平等，就像零血压一样，预示着死亡。随着不平等的加剧，可能不会立即出现症状。""但是，随着不平等的加剧，未来将会出现麻烦，发生重大危机的可能性增加了……这可能危及生命，就像经济上的'心脏病发作'或'中风'，造成的损害可能难以修复。""这正是我们关注和监测不平等变化的原因，就像医生监测病人的血压一样，也是防止不平等失控的谨慎措施。"这个具体生动的比喻，真是一个无与伦比的例子，形象、准确、恰当，绝妙之极。

关于本书的特长还可以再罗列几个，但还是请读者自己体会吧。这里，我想借机再专门与作者商榷一下他在本书中多处提及的关于中国的看法。作者固然来访过中国，并且据称此书大部分也是在中国境内完成的，但我觉得他似乎并不十分了解中国的实际情况。就中国的收入不平等状况，其提到的只是一个印象即"不平等加剧"。这显然是不全面的。客观地说，如果同 20 世纪 80 年代改革开放之初比较，中国居民的收入差别的确是扩大了。但是这不妨碍我们必需从整体上认识中国收入分配不平等的特征。我的研究发现,基于中国特色社会主义制度的基础,同印度等私有经济体相比,中国居民收入差别具有如下若干鲜明的不同点:一是中国城镇和乡村内部差别始终运行在大致适度适当的区间,即没有突破国际学界公认的基尼系数 0.4 的上限,这主要应归于中国城乡不同的两种公有经济制度及其分配制度的制约。二是中国城镇内部差别始终小于乡村内部差别,这主要因为城镇经济主体实行国家公有制及相应分配体制,而乡村实行范围有限的土地集体所有及包干到户体制,由此这一特点则导致中国的城镇化过程,必定是趋向差别缩小型的。三是中国的总体收入差别始终大于城镇与乡村内部的差别程度,这主要是由于中国城乡之间的差别过大所致,因为城乡内部差别始终基本适度,由此则致使中国总体差别全球排名靠后,并形成中国收入不平等过大的印象。四是中国总体差别已经越过拐点(0.5)进入下降阶段,虽然总体程度仍然较高较大,但是呈现明显倒 U 型轨迹。五是中国居民收入差别的最大问题,是城乡之间的收入差别过大,城乡收入比长期高达 3 倍左右,这主要也是由于中国两种公有制制约的特色城乡二元制度所致。简述这几点中国特征可见,关于中国的经济不平等,绝不能仅局限于收入不平等加剧的情形,至少可以总结出如上这样一些对本书作者可能根本感觉不到的特点。与中国不同的私有资本经济社会制度及其市场竞争体制,可能使本书作者的眼界受到限制,这不是读者应当苛求的。其实,我们对西方资本主义经济的运行规律的认识也往往是有限的,甚至是不全面的。

然而,正是基于对以上这些关于中国不平等特点的忽略,本书作者在讨论中国城镇避免了贫民窟现象时,只将中国的土地占有制度作为原因,而完全看漏了中国城镇化过程中农民工业化与户籍城镇化的分离,也没有看到中国城乡二元户籍制度的正面作用和局限;几十年来在中国城镇化过程中,中国特色的大量"农民工"或离乡未进城,或进城未落户,或落户非市民等,如此"非常规"现象的存在,是一般外国学者很难感觉得到的,即使有所感觉可能也很难理解和认识的,但恰巧是这些制度现象的两面性,是他所关注问题的很好解释,即其消极面是延宕了城镇化可能应有的进程,维持了过大的城乡差别,但有利的一面是一定程度上的确避免了大规模的贫民窟产生。这便是中国制度和体制给城镇化打上的烙印,不能苛求一个西方学者能够完全掌握和了解。

最后,谈谈本书中文版的翻译稿及其过程。本书的英文版出版不久,格致出版社的编辑就慧眼识珠,取得中文出版权,并表示希望我来组织翻译事宜。我当时粗略阅读就感到此是一本好书,值得向中国学界推介。坦率地说,我自己大约十年前也曾想过写一本类似的书。当时,我应一出版社的邀请,带领几位年青年博士生写过一本关于中国市场化进程的小书,书名是《中国是市场经济国家吗》,也是以自己和学界已有的研究成果为基础而编写的一本通俗问答,据反映很受欢迎,销量一再刷新。于是,当时的责编就希望我再写一本关于收入分配不平等方面的类似风格的书。我曾接受邀请,写一本《中国不平等:人人应知的事》之类的书的想法,但当时行政工作任务繁重,一直未能进入状态,以至最后不得不不了了之。所以这次当格致出版社建议我翻译此书时,又激起我十年前的记忆,看来隔着太平洋此书作者已经在彼岸代替我写就了这样的一本书。所以,我很高兴接受建议,但我自己无暇亲顾翻译事宜,便推荐青年学者吴婷博士来承担翻译任务。吴婷是近些年成长起来的青年经济学家,勤奋刻苦多产,发表不少关于收入分配方面有影响的论作,熟悉经济学中有关收入不平等理论及概念,也在国外访问学习过几年,英文语言读写流利,应当是很好的翻译人选。经出版社同意后她即动手,一边工作一边利用业余时间翻译,花费年余完成了。摆在大家面前的中文版就是她的翻译成果。从中文译稿的流畅词句和顺达逻辑看,中文版既忠实于原著内容,又符合中文习惯,很好地承转了英文原版的风格、特点,她按期完成了任务,而且完成得很圆满、很好。相信原作者若看到并看懂此中文版本后，一定也应会相当满意的。我真诚地期望从事收入分配研究的广大研究生、老师、政府官员，及其他关心不平等问题的朋友，能够结合中国的实际情况，通过此书与作者深入交流，希望中国广大读者能够喜欢这本部头并不大的好读之书。

陈宗胜

2023 年 12 月于南开园

献给诺曼·伯恩鲍姆(Norman Birnbaum)

前　言

本书凝聚了我 20 年来对经济不平等的反思和研究。20 世纪 90 年代中期爆发的关于贸易和技术进步对不平等的影响之争,吸引我对这一领域展开研究。近年来,不平等问题重新成为诸多经济学家的研究重点,也逐渐回归到大众的视线中。

以上两种对不平等现象的再关注喜忧参半。公众印象创造了简单的政治叙事方式,这种叙事方式包含强大的诱因促使人们遵从它。经济学家的研究则产生了许多有争议的理论、假说和主张,这使得原本一目了然的事情变得乱象丛生,难以理解,更难以找到正确的解决方案。本书的目标是让大家了解最重要的问题,同时与论战保持一定的距离。任何一本关于经济不平等的书都不可能完全与政治无关,但本书也并非一本政治性的书。

我始终坚持两种观点:首先,经济思想史为本书的提供了指导原则。不平等问题研究并不新鲜,最早可以追溯到卢梭的《论人类不平等的起源与基础》和亚当·斯密的《国富论》。放眼当下，他们的作品至今仍然值得一读。其次，要梳理清楚这个问题就必须特别关注概念和衡量方法。基于此，读者可以从本书中找到专门讨论思想史、工资和收入的概念、数据来源及不同衡量方法的章节。

我对这一问题的研究最早是在得克萨斯大学不平等项目（UTIP）工作时开始的。感谢不断加入新鲜血液的优秀的研究生团队，他们为系统地衡量全球收入不平等作出了突出贡献，使得不平等的研究作为一门经济学理论得到了长足的发展。他们揭开了宏观经济领域不平等研究的序幕，也揭开了研究不平等的变化对整个世界的影响的序幕。本书的很多内容来自当时的工作，在文中都进行了直接的引用并在最后进行了汇总。

正如书名所示，本书并非一本专业书，而是追求可读性。本书尽量减少引用，凡是文中提及或引用的来源均在书后给出了参考资料。读者如果对文中大量的不平等相关数据感兴趣，可以在 UTIP 的网站上（http://utip.govv.utexas.edu）查阅工作论文《UTIP 全球不平等数据库（1963—2008 年）》（UTIP Global Inequality Data Sets 1963—2008）或者联合国大学（United Nations University）的系列论文。

牛津大学出版社出版的系列图书"人人应知的事"（What Everyone Needs to Know）的初衷就是提出问题并答疑释惑。我之前从未尝试过这种写作方式，试后却发现这种写作方式十分迷人，我希望读者也能这样认为。本书的结尾和附录，都采用了这种更加直接的写作方式。

　　事实上，每个人都应该了解不平等。想要真正了解不平等和一些题外话，请继续读下去吧！

2015 年 1 月于得克萨斯州奥斯汀市

致　谢

　　首先要感谢我在得克萨斯大学不平等项目(UTIP)工作的学生和同事们,这本书的第一份功劳要归功于他们。这是一个长期的非正式研究团队,现已出版了大约 7 本书、70 篇工作论文和大量的期刊论文。多年来,UTIP 约有 25 名固定研究人员;目前的团队成员包括崔载锡(Jaehee Choi)、比特丽斯·哈尔巴赫(Beatrice Halbach)、亚历山德拉·马林诺夫斯卡(Aleksandra Malinowska)、德尔菲娜·罗西(Delfina Rossi)和张文杰(Wenjie Zhang),还有阿明·沙姆斯(Amin Shams),他在转而研究金融之前和我们一起做了大量的工作。他们提供了最新的数据,图形和统计分析,教学支持,手稿资料的帮助,每周他们也花大量的时间沟通,互相启发,纠偏补正。

　　我还要感谢过去几年在林登·约翰逊学院(LBJ School)参加我的春季研讨会的优秀学生们,研讨会的主题"发展与不平等"启发了我很多。

　　感谢过去一年左右的时间里,在各个会议和讲座中与我交流和讨论的老师和同学们，他们分别来自巴塞罗那、佛罗伦萨和罗马的大学，欧洲议会（European Parliament），魁北克大学蒙特利尔分校（UQAM）和蒙特利尔的不平等峰会（Inequalities Summit at Montreal）、世界知识论坛（World Knowledge Forum）、首尔大学（Seoul National University）和韩国建国大学（Konkuk University）、奥尔堡后凯恩斯会议（Aalborg Post-Keynesian conference）和丹麦 CEVEA 智库、堪萨斯的密苏里大学（University of Missouri）、俄克拉荷马科技和艺术大学（University of Science and Arts of Oklahoma）、密西根州立大学（Michigan State University）、圣约翰大学（St. John's University）、西方学院（Occidental College）和威斯康星大学密尔沃基分校（University of Wisconsin-Milwaukee），他们对本书的写作和最终成型都提供了很大的帮助。

感谢斯科特·帕里斯（Scott Parris）极力劝说我为牛津大学出版社写这本书，面对我最初的沉默和先前的其他工作安排冲突，他给予了我极大的耐心。感谢凯瑟琳·沃尔曼（Cathryn Vaulman）和普拉布·钦纳萨米（Prabhu Chinnasamy），他们高效地完成了手稿的编辑。感谢多萝西·波霍夫（Dorothy Bauhoff）审稿时的精雕细刻。感谢两位匿名评审对本书的批评和鼓励。感谢温迪·施特罗特曼（Wendy Strothman）用她一贯的智慧处理了合同方面的问题。感谢迈克尔·马德（Michael Marder）在阅读手稿时发现的一些错误，并提供了大量中肯的评论。感谢奥利弗·焦万诺尼(Olivier Giovannoni)慷慨地允许我使用他的图表来描述美国不平等的变化。

感谢新经济思想研究所(Institute for New Economic Thinking)对 UTIP 工作的慷慨资助,以及政商关系部门主席劳埃德·M.本特森(Lloyd M. Bentsen Jr.)为本书提供的资源,感谢林登·约翰逊学院提供的设施支持,感谢莉萨·约翰逊(Lisa Johnson)的卓越管理。

2014 年我与很多人进行了关于不平等和其他话题的深入讨论,让我记忆犹新,尤其是与布鲁诺·阿莫罗索(Bruno Amoroso)、诺曼·伯恩鲍姆(Norman Birnbaum)、安德烈亚·科尔尼亚(Andrea Cornia)、卡里·波兰尼·莱维特(Kari Polanyi Levitt)、迈克尔·林德(Michael Lind)、路易吉·帕西内蒂(Luigi Pasinetti)和朱塞佩·萨科(Giuseppe Sacco)的交谈,其中亚尼斯·瓦鲁法基斯(Yanis Varoufakis)与我进行了最频繁的讨论。

我特别要感谢我的新朋友朱塞佩·瓜里诺(Giuseppe Guarino),他是学识、正直和胆识的典范,他曾两次邀请我和我的家人到家中做客。

这本书大部分是在 2014 年 12 月写的,当时我的家人大部分都在中国。只有埃玛(Emma),在我身边她在我写作的时候演奏了弗兰克奏鸣曲。

最后,一如既往地感激英(Ying)。

目　录

第一章　不平等：是否人人应知？

什么是经济不平等？

平等是一种理想，"人人生而平等""法律面前人人平等""自由、平等、博爱"，以上金句耳熟能详，人们都将其奉为真理，然而不平等却是我们每天要面对的现实，特别是在经济领域。我们有时为之感到遗憾，但是却与其共生，因为我们别无选择。不平等的事实决定并影响着我们的生活。除了那些受到广泛称赞但却没有太多效仿的修道者之外，对于大多数人而言，不平等带来了竞争，决定了我们的境遇、地位和声誉，进而决定了生活的成败。

经济和社会的不平等有很多种形式，阶层（class）是其中一种。阶层的概念虽然不如过去定义的那么严格，但是仍然沿用至今。等级（rank）反映了一个人的成就、收入及权力。财富（wealth）指的是个人或家庭财产的估值，是所拥有财产的总和。收入（income）则是一定时间内各类资源的总流入量。在国家层面，公民身份确立了享有公共产品和保护的权利等级，例如社会保险及医疗保障等。在家庭层面，家庭角色和性别确立了权力和特权等级。这些都是不平等不同维度的反映。

经济学家通常对三种类型的不平等最感兴趣：工资、收入和财富。但是这并不是因为它们是最重要的不平等的形式。举例来说，与种族、性别相比，不平等可能与（例如）压力、幸福感、正义感等有着更加密切的联系。但是经济学家通常倾向于研究最容易衡量的东西。而金钱正是我们的衡量标尺，虽然它事实上是一个既变形又扭曲的标尺，但是我们仍然用金钱来衡量，因为我们别无选择。我们之所以用它，是希望能够发现世界上一些值得了解的真相。

什么是工资不平等、收入不平等和财富不平等？

工资（pay）和薪酬（earnings）是对劳动的补偿，包括计时工资和不以实际工作时间计算的年薪。福利、奖金和递延补偿也是工资的一部分。工资、薪酬和时薪、年薪不平等的维度分为不同工作的不平等和不同社会工作结构的不平等。产业经济学家通常研究产业结构与工资分配不平等的关系，劳动经济学家通常关注劳动者个人特征的差异：如种族、性别、年龄和受教育程度等。

收入是一个更宽泛的概念。除了薪酬之外，还包括股息、利息、特许权使用费、资本收益、租金收入及政府转移支付（如失业保险）等。但收入不一定包括食品券等福利，而健康险赔付的金额通常不包含在内。（美国）国民收入核算体系中还有一个"推算收入"（imputed income）的概念，其主要组成部分是所拥有住房的租赁价值。但是，大多数国家的常规做法是依照税法衡量收入的不平等，即收入指的是报告的应纳税收入。在没有所得税的国家，或者所得税执行不力的国家，如果有调查数据的话，收入数据取决于调查时设定的定义，这些定义会因调查设计的不同而有所不同。

财富是一系列财产或资产的价值总和。包括金融资产（如货币、股票和债券等）的市场价值；还包括房地产、艺术品、汽车、珠宝和扣除债务后的其他财产；也包括现在或未来收入流的资本价值，例如美国的社会保障、医疗保险和医疗补助。薪酬和收入是流量概念，指的是在一段时间内，例如一周、一个月或一年的资金流量。财富则是存量的概念，在任何给定的时刻都可以衡量。然而，由于没有对财富征收的一般税种，因此其定义中所包含的内容并不明确。人们有时使用狭义的定义，有时使用广义的定义。

工资或薪酬的不平等程度很容易从可得数据中计算得到，工资记录清晰明了，通常每周或每月的数据都是可得的。在有良好的调查数据或税收报告的国家，收入不平等也相对容易衡量。但是这样的国家并不多，仅有29个国家有税收收入数据，其中英语国家占大多数，而大多数国家的数据都是调查数据。财富不平等更加难以衡量，其结果会随着财富定义的变化而变化，只有少数国家进行正式的财富调查。金融资产的持有是很不平等的，大多数人并非靠工作收入积累金融财富。与之相对的是，拥有房产的人更为广泛，而且工薪家庭、房主和租房者都在社会福利保障范围之内。但房产很难估价，社会保障作为财富的一部分也常常被人忽视。*

这就存在一个悖论，在不平等领域内我们最关心的事情是最难衡量的，相反，最容易衡量的事情有时并不需要我们如此关心。

近年来美国和全球经济不平等发生了什么？

根据有限的数据我们可知，20世纪中叶，大多数国家的不平等程

---

* 来自林登·约翰逊的"新政"。——译者注

度趋于下降。大多数研究都认为，美国的不平等程度在 1929 年的股市泡沫中达到顶峰，大萧条时期的美国处于普遍贫困状态，罗斯福新政之后，经济慢慢复苏，不平等程度也开始下降，并且在第二次世界大战的战时动员中急剧下降。此后，政策大致趋于稳定，在 20 世纪 60 年代末的"反贫困运动"和"伟大社会计划"的推动下，不平等程度进一步下降。

从 20 世纪 70 年代开始，美国工资和收入不平等开始上升。20 世纪 80 年代早期不平等上升的幅度尤为显著，这也促使笔者于 1982 年在美国联合经济委员会任职时组织了首次国会听证会讨论这一问题。自 1988 年前后开始，不平等现象成为学者们热烈讨论的话题。特别是 2008—2009 年金融危机后，不平等的加剧已成为一个重大的政治问题。

21 世纪 10 年代末不平等程度还在持续上升吗？一些研究认为是的，另一些研究结论则并不明确。例如，美国的工资不平等程度在 20 世纪 90 年代初达到顶峰后，随着 20 世纪 90 年代末的充分就业而不断下降。收入的不平等程度，包括股息、已实现的资本收益及金融及科技高管人员的年薪和奖金，已经在 2000 年随着信息技术繁荣的结束而达到了峰值。此后，随着资产价格的波动，不平等程度的变动趋势呈现锯齿型，比如房地产泡沫在 2007 年达到过一次顶峰，股市在 2010 年开始复苏。然而，就当前的不平等程度是否低于或高于 2000 年的水平这一问题仍未达成共识。但无论如何，2000 年以后，美国的收入不平等程度的加剧不再像以前那样不断增强和不可逆转了。

如果说存在全球经济不平等的变动趋势的话，那这一趋势作为一个整体则更难被观察到。没有一个全球统计机构收集全世界的收入信息，因此，要回答这个问题就要拼凑出适用于各个国家的衡量标准。虽然有很多衡量不平等的方法，但是它们并不一致，简单的比较很难真正找到趋势。当然也可以用其他的方法，至少我的一项研究确实找到了世界各国内部工资和收入不平等的共同模式。研究表明，20 世纪 60 年代全球经济不平等趋于稳定，70 年代全球大部分地区的不平等程度普遍降低，然后在 80 年代之后出现了长时间的急剧上升，从拉丁美洲到中欧再到亚洲，全球各地的收入不平等如同美国一样，在 2000 年达到顶峰。此后，研究表明，世界上一些重要地区的不平等现象有所缓解，其中包括俄罗斯、南美大部分地区，最近的例子是 2008 年后的中国。

受文章篇幅的限制，具体的分析将在本书的后半部分展开，此处不再赘述。

为什么经济不平等很重要？

对很多人来说，经济不平等的重要性似乎不言而喻。对于穷人来说，不平等带来的困扰以及补救办法都很清楚：穷人不被满足所以需要更多。如果这个人来自一个遭受歧视或者过去遭受歧视的群体，减少不平等更加重要。对那些同情穷人或受歧视者的人来说，减少不平等也很重要。总体而言，减少经济不平等将意味着远低于社会标准线的人越来越少，低收入群体享受的社会福利标准也不再远低于某些特权群体。

这是否意味着减少不平等一定会减少贫困和歧视？从逻辑上讲，答案并非肯定。减少不平等可能会带来经济成本的增加：平均而言，更加平等的社会可能比以前更穷，因为所有人都在分担贫困。一场消灭（或驱逐）原有精英统治的政治革命就可能会带来这样的结果。由此产生的社会可能（也可能不会）不再有那么多的压迫，但是革命带来的混乱和暴力，至少在刚开始时不会实现共同富裕。

同样，也可以在不减少歧视的情况下减少不平等。例如，在不平等减少之后，虽然社会阶层可能会扁平化，但某一特定群体（妇女、少数族裔)的地位完全没有改变,他们仍然处于经济阶梯的底层。贫穷和苦难可能会减少,但是歧视并不会改变。被歧视群体的领袖和成员们可能会接受他们获得的绝对利益,作为在受惠的同时获得平等待遇的一种替代,也或许不会。物质幸福和社会正义是重叠的,但它们并不是一回事。

不平等对一个国家经济和社会的影响究竟是好是坏,是一个重要的命题。我们都认可一定程度的不平等是必要的。正因如此,事实上,某些群体的平均收入和财富持续高于另一些群体也是不可避免的。然而,在什么情况下(如果有的话)不平等程度会失衡呢?这个问题不能仅仅从底层人民的角度来回答,必须站在整个社会或制度的立场来考量。

很显然,这个问题存在很大的争议。几十年来,经济学中的标准理论一直将不平等程度视为经济发展的外部影响因素,就像技术变革的要求或国际贸易的扩张一样。因此,这些理论认为不平等本质上不是我们能够影响或应该直接关注的问题。如果这些理论是正确的,我们应该避免从经济表现的角度来考察经济不平等。然而,在许多经济学家看来,这些理论并不具有广泛的说服力,不平等从来都是经济发展出现的内在问题。

不平等是如何产生的呢?在某种程度上,正如伟大的苏格兰经济学家亚当·斯密在 18 世纪时所写的：社会就是通过创造法律和社会特权来做到这一点，本质上是保护、补贴和垄断权力的；在某种程度上，正如卡尔·马克思在 19 世纪时所写的：资本主义在一定程度上是通过剥削的方式实现的，即从劳动者那里榨取剩余价值；在某种程度上，亦如约瑟夫·熊彼特在 20 世纪初所写的：技术变革给改变我们生活的创新者带来了丰厚的奖励。上述"不平等"，有些是有益的，有些是不可避免的，有些可能是危险的，需要进行管理和控制。

现代社会如何减少不平等？部分通过规制，包括直接工资规制、价格规制和利率规制；部分通过税收；部分通过提供所有人共享的公共基础设施和消费品；部分通过提供社会保障，为那些因为经济变革而流离失所或因年龄或疾病而被边缘化的群体提供最低收入保障。同样地，对于所有这些手段和政策是否有必要存在，以及是否运作良好，人们始终进行着无休止的争论。

在分配和再分配领域展开的斗争会影响经济吗？冲突本身代价高昂。肢体暴力具有破坏性，罢工和停工会影响生产，通货膨胀有时被视为未解决的分配斗争的结果，扰乱了正常的经济生活秩序。共识、合作与和平能提高生产的效率，但却不总能实现。

传统的经济理论倾向于认为，在现代社会，包括美国在内，经济效率会带来更多不平等。为什么呢？这主要是因为（据说）更高的科技水平要求更高的技能水平，而高技能会获得高收入补偿。因此，总体而言，一个正在经历快速技术变革的更加不平等的社会，其失业率总体来说应该低于维持"僵化劳动力市场"（rigid labor markets）的社会，后者向非技术工人支付高工资，并在雇佣和解雇方面设置巨大的障碍。

其他理论和实证研究对这一观点提出了质疑。例如，有的理论认为收入不平等水平较高的国家失业率可能更高，因为更多劳动者可能放弃低工资的工作而去高工资就业市场碰运气，比如农民放弃务农去城市的建筑行业碰运气。显然，许多国家城乡之间的巨大不平等会刺激国内人口流动和就业，就像国家之间的巨大不平等会刺激国际移民一样。实证研究似乎也得到了与传统观点相反的结论。收入不平等水平较低的国家，如斯堪的纳维亚半岛，往往比收入不平等水平较高的邻国或竞争对手拥有更高的生产率和更低的失业率。那些被认为不公平、不值得信任的社会也可能无法很好地运转。最近，约瑟夫·斯蒂格利茨（Joseph Stiglitz）针对美国的不平等提出了以上强有力的质疑。

在一个正式的民主国家，极端经济不平等的另一面是权力掌握在非常富有的人手里。亚当·斯密写道："正如霍布斯先生所言，财富就是权力。"正如霍布斯先生所言，近十几年来，高度不平等已经成为美国的特征，这意味着政治权力的不平等。造成这一现象的原因很简单，部分是因为赢得选举需要金钱的支持，这种不平等将经济与政治联系在一起，而这种联系是难以忽视或避免的。

另一个值得注意的基本事实是：在众多国际数据比较中，较富裕的国家往往比较贫穷的国家更加平等。为什么会这样呢？答案是直观而直接的。按照定义，一个富裕的国家必须有一个庞大的中产阶层。也就是说，国家财富的一大部分由多人和家庭共同拥有。除了一些小的富有的石油酋长国这一例外，富裕国家不可能将其国家财富掌握在一小撮王公贵族手中。世界上较贫穷的国家恰恰是那些经济被严格分割的国家，一方面是控制着宝贵资源（包括土地）的少数群体，另一方面则是大多数贫困的无产者。

因此，随着时间的推移，不平等程度随着经济发展不断降低，福利水平不断提升，公共养老、医疗保险、免费公共教育、国家公园和文化设施等接踵而至。这些都是文明生活的标志。在发展过程中，问题在于试图加速平等化的进程是好是坏。对于已经实现了相对较低不平等的富裕国家来说，究竟是财富带来了不平等的减少，还是不平等的减少带来了财富？

行文至此，请注意，我们只讨论了更高或更低的经济不平等是好是坏的问题。但是不平等程度的变化呢？不平等的加剧是件坏事吗？不平等的降低是件好事吗？据观察，从上一代到最近几年，无论是富国还是穷国，不平等都在加剧。这是全新的发展阶段吗？是否与富国的新的技术变革有关？或者是否意味着一个发展阶段的逆转？不平等的加剧会威胁到过去半个多世纪实现的社会进步吗？

这也不是一个简答的问题，它可能没有一个单一的答案。如果过低的不平等程度会扼杀企业发展和社会创新，为什么不能放任其提升？如果过高的不平等程度会加剧社会不公平，为什么不能加以约束？或者，正如1976年以后中国的改革一样，为什么不能先让不平等加剧，之后再让它回落呢？答案可能完全取决于具体的社会发展状况。在某些情况下，减少不平等可能是正确的经济政策；在其他情况下，或许应该任由不平等加剧。尽管如此，我们仍然关注不平等问题。

哲学家约翰·罗尔斯(John Rawls)给了一个理由，即在抽象层面上关注不平等的程度是合理的。他认为，假如一个人必须从"无知之幕"后面选择一个社会的普遍不平等程度，也就是说，每个人都不知道自己在社会中的地位，那么人们就会理性地选择一个相对平等的社会——在这个社会中，不平等的正当性仅在于它能改善最贫穷和最弱势的公民的生活。在某种程度上，我们可以脱离实际立场，沉浸在罗尔斯的思想实验中，我们可以理解不平等是重要的，即使它在某些方面是不可避免的，而且在某些情况下，在一定范围内，不平等实际上是必须的。

第二章　经济思想史上的不平等

美国人习惯了"人人生而平等"的理念。当然,这一理念并非自提出时就实现,即使是现在,它也不是"不证自明"的。在其刚刚被提出的时候对大多数人而言远未实现。它是《独立宣言》这一革命性文献的一部分,体现了一种革命性的情感,在当时的环境下尤其引人关注。因此,我们需要调整思路以适应这样一个事实:不平等是人类物种亘古即有的状态,几乎所有其他的社会物种,小到蚂蚁,大到山地大猩猩,也都存在着不平等。

在这一背景下,主张平等的思想不断发展,这一章即详细阐释这一思想进程。从古至今,政治经济思想史在很大程度上可以看作是平等主义思想和不平等现实之间的论争,是追求平等的迫切需要和接受甚至为不平等辩护的迫切需要之间的论争。

不平等的起源

法国哲学家让-雅克·卢梭在 1755 年出版的《论人类不平等的起源和基础》一书中指出不平等起源于私有财产权的建立。卢梭写道："在自然状态下，人与人之间几乎没有任何不平等，我们现在看到的一切力量和增长都归功于我们能力的发展和理解力的提高，最终通过财产和法律的建立成为永久和合法的。"

卢梭的"自然状态"是一种心理建构，既不代表人类历史也不代表美国或其他地方实际的原始社会。这是一种抽象概念，其目的是说明在非社会环境——一个假设的狩猎者和采集者的森林中——人类的差异只限于个人的生理和心理特征。在这种环境下，任何使一个人服从或奴役另一个人的努力都是失败的，因为地位较低的人可以随时起身离开。因此，现代的等级制度和秩序只能在一种强制力和法律的框架下产生，人们被束缚在其中，无法逃脱。奴隶社会就是这种约束的一种严格形式，公民社会或者"自由社会"是一种较为宽松的形式，只不过社会形态略有不同。即使在今天，也没有多少人能逃脱他们出生时所处国家的法律约束，而那些逃脱的人只不过进入了另一个同样具有约束力的法律框架之中罢了。

卢梭并不满足于接受社会不平等的现状。在感知到不平等的起源后,他写道:"仅为实在法所认可的精神上的不平等,每当它与生理上的不平等不相称时,便与自然法相抵触……这种不相称充分决定了我们对流行于一切文明民族中的那种不平等应持什么看法。因为,一个孩子命令着老年人,一个傻子指导着聪明人,一小撮人拥有许多剩余的东西,而大量的饥民则缺乏生活必需品,这显然是违反自然法的,无论人们给不平等下什么样的定义。"*

"这显然违背了自然法则"——这样的话会引发叛乱、革命,甚至走向断头台。然而,既然我们必须生活在社会之中,自然法则理应在多大程度上起作用却仍不甚明了。对此,卢梭制定了一个严格的标准。自此之后,政治经济学家便一直试图解释(并证明)在人类现实社会中实际存在的经济不平等,但他们所使用的语言已不像哲学家那样如利刃般直指人心。

经济学是如何将不平等视为自然法则的产物的?

1776 年,苏格兰伦理哲学家亚当·斯密发表了他的巨著《国民财

---

* 参见卢梭:《论人类不平等的起源和基础》,李常山译,商务印书馆 1972 年版,第 149 页。——译者注

富的性质和原因的研究》。这本书在诸多方面都非常现代和实用，具有现实意义和历史意义，它系统性地阐释了经济生活的基本原则。

斯密出生于 1688 年英国光荣革命之后的商人和殖民地时代。在他生活的封建社会中，国王、领主和平民之间的区别仍然存在，但不再是至高无上的，这与卢梭生活的法国形成了鲜明的对比。随着一个新的商业阶级（随后的工业阶级）的兴起，也就是后来所说的资产阶级的出现，封建贵族制度正在消亡。因此，斯密需要解决一个新的问题，即一个国家的"年收入"在三个阶级（不一定是固定的和世袭的）之间分配的原则，即挣工资的工人，获得股票或资本利润的资本家，以及拥有土地并赚取租金的地主。《国富论》的第一部分大都集中在讨论这个问题上，但他的解决方案并不能让后人满意。尽管如此，它还是提供了一个经济不平等主要来源的解释，即现在经济学家所说的功能性收入分配（functional distribution of income）。

什么是功能性收入分配？

在家庭/个人收入或所得税体系/调查的衡量标准出现之前，古典政治经济学将经济社会划分为不同主要阶层，如同封建社会的等级制度一样。这些阶层之间的差异是绝对不平等，这个问题将在第 3 章进行更广泛的讨论。然而，他们所讨论的类别差异并非（今天所使用的）属于种族或者性别的范畴，也不是中世纪占主导地位的君主、领主、牧师、农民和农奴的类别差异。

相反，古典经济学规定了三个基本的阶层：资本家、工人和地主。这些阶层所赚取的收入在本质上是不同的：利润、工资和租金。因此，古典政治经济学原理在很大程度上用于确定将收入划分为三种类型的原则，今天我们把这种划分称为功能性收入分配。

功能性收入分配理论起源于利润竞争理论，这一理论认为投资利润率不断下降，虽然这一趋势可能被垄断所扭曲。19 世纪发展起来的工资理论主要是从人口压力和剥削的角度解释了为什么工资永远不会上涨。当工资开始上涨时，新古典经济学取代了古典经济学。新古典经济学认为，劳动收入份额与其边际产出成正比——即边际生产率。新古典经济学回避了冲突和苦难，取而代之的是生产要素之间的合作精神，每一种要素各就其位，并按其贡献的比例分享回报。

古典经济学认为，与耕地边缘的贫瘠土地或城市边缘的偏远郊区相比，土地的租金与其相对生产能力成比例。由于土地是不可再生的，而且最终是稀缺的，古典经济学家认为地主仍然是回报最丰厚的群体，他们建议根据土地的价值征收有效的税收。新古典经济学往往会忽略土地，部分原因是地主可能希望被遗忘。于是，20世纪后，功能性收入分配主要关注收入在资本和劳动之间的分配。

20世纪中叶诞生了正式的经济学理论，该理论将功能性收入分配纳入数学模型中，并在假设技术水平不变的情况下，推导出资本和劳动的边际生产率的精确表达式。这就引出一个重要的问题：劳动（L）和资本（K）应该用什么单位来计量？必要时，劳动可以看作以时间为计量单位，即工作时间（完全忽略不同人的工作异质性）。然而，资本该用什么计量单位计量？高度异质性的机器和中间产品没有自然的计量单位，而以投入的货币来计量也是行不通的，因为它需要进行折旧计算。这个计算公式需要一个利率，即我们试图推导的利润率。关于这个话题的"剑桥资本争论"持续了大约10年，直到1966年，麻省理工学院的保罗·萨缪尔森不得不承认生产函数存在总量悖论。但奇怪的是：后来大多数经济学家仍然继续使用新古典经济学的范式，好像从未发现用异质品的投入量来计算其产出量这一循环论证一样。

50年后，以资本和劳动作为生产投入的"生产函数"衍生出来的功能性收入分配仍然是经济学教科书的主流。这反映了"类别构建"（category-building）在人类意识中，至少在经济学中所具有的力量。为什么我们要把机器和库存视为一种连贯的分类结构，并且称之为

"资本"或其他？为什么我们要把所有花在工作上的时间视为具有共同功能，并且称之为"劳动"？在许多方面，这两种现象是如此不同，以至于它们之间不存在可比性，劳动和资本都没有一个有意义的衡量标准。

功能性收入分配可以解释一部分不合理的不平等，不平等是经济规则运作的结果。因此，工人的工资取决于他们的受教育水平、技能水平、资历、工作的危险度、工作的影响力以及其他因素。商人和工厂主的收入在资本竞争的制约下形成了统一的利润率。地主的收入，即租金，取决于他们所拥有土地的肥沃程度。分配的结果可能是不平等的，但它们至少是由市场运作的结果。因此，这种不平等并不违反"自然法则"。相反，对于斯密和他同时代的人来说，工资、利润和租金的经济规则的建立实际上就是遵循了自然法则。

功能性收入分配，尤其是利润和工资之间的收入分配，仍然深嵌在当前的国民经济和政治中，这是马克思主义和新古典主义斗争的结果，他们对资本和劳动在资本主义社会中所扮演角色的认知大不相同，所以这种斗争不太可能消失。图 2.1 为 1929—2012 年美国的劳动报酬占比，表明劳动报酬占比总体保持稳定。然而，收入分配顶层的少数人所占劳动报酬份额却有大幅提升。因此，对许多美国工人来说，稳定的劳动报酬占比并不能给他们带来多少安慰，他们最在意的

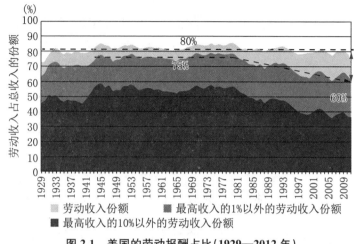

图 2.1　美国的劳动报酬占比（1929—2012 年）

资料来源：经奥利维尔·乔瓦诺尼（Olivier Giovannoni）许可使用。

是分配的形状。我们将在第 4 章中详细讨论分配的格局。

什么是"欧洲政策造成的不平等"？

　　如前所述，斯密接受了"自然"赋予的不平等。他反对的是妨碍"自然法则"发挥应有作用的社会法则（laws of society）。在斯密所在的英国，仍然有许多封建时代的产物，它们庄严地铭刻在国王的法令中，尤其是奖励金、关税、行业协会、学徒制和金银输出禁令，斯密都对其进行了强烈的反驳。然而，最令他愤怒的是他在英吉利海峡的对岸（主要是法国）观察到的情况，他称之为"欧洲政策造成的不平等"。

这指的是什么呢？总而言之就是垄断。斯密写道："欧洲的政策，由于把某种职业上的竞争人数限制在较少的范围内，让愿加入者不能加入，因而使劳动和资本用途的总体利害情况有了非常大的不平等。同业组合（corporations）的排外特权，是欧洲政策限制职业竞争人数的主要手段。"斯密当时所指的同业组合通常指市内商业区（towns），而不是公司（companies），他认为商人是："虽然是有处于同一行业的同业组合，但是即使是为了娱乐，他们也很少会面。只要他们在一起聚谈，会面的终极话题不是合谋盘剥大众，就是谋划哄抬物价。"

现代学者仍然在苦苦思索斯密的诸多观点。国家对所有类型的私营企业的保护，特别是如今时代对银行的保护，无疑是经济不平等的最大根源之一，也是最明显违反"自然法则"的根源之一。时至今日，大多数经济学家仍然相信竞争是解决不平等的灵丹妙药——尽管这种"药剂"似乎从未被真正地应用过。

什么是工资的铁律？ 为什么马尔萨斯、李嘉图和他们同时代的人认为穷人不能也不应该得到帮助？

随着 19 世纪和工业革命的到来，雇佣工人成为社会的主导形式，至少在英国是这样。犹太金融家大卫·李嘉图和教会牧师托马斯·罗伯特·马尔萨斯主导了经济理论的发展。他们主要研究如何制定更精确的功能性收入分配原则，特别是工资和租金理论。其中，马尔萨斯对工资理论做出了重要贡献，而李嘉图则阐明了租金理论及其与利润理论的区别。

当时，雇佣工人是一件很新鲜的事情。在封建时代，佃农与地主和教会分享他们的收成，而工匠则出售他们用自己的工具制作的产品。然而，在工业资本主义制度下，曾经的农民和工匠被剥夺了土地和工具，他们除了破衣烂衫之外一无所有，只能出卖自己的劳动。他们的工资也不是按实际产出支付的，而是计时工资。

马尔萨斯的工资理论本质上是劳动供给与食物供给之间的简单关系。他认为，人口将以几何速度增长，而土地养活人口的能力将以较低的"算术"速度增长。因此，劳动人口总是与现有的粮食供应相冲突，工人的实际工资或生活水平永远不可能远远高于维持生计的水平。一旦人口增长有超过生产资料增长的趋势，饥荒、瘟疫和战争也会消灭一部分人口。这就是工资的铁律（Iron Law of Wages）。对工人们来说，这不是一个美好的前景，但当时，城市工厂悲惨的物质条件显然证实了马尔萨斯的想法。

李嘉图是如何区分利润和租金的？

李嘉图的重要贡献之一是对地租进行了清晰的解释。他认为，租金取决于肥沃土地的稀缺性，以及土地的肥力与最差耕地之间的差异。为什么？李嘉图认为，虽然最差的土地不会产生任何租金，但它仍然需要以粮食的现行价格偿还耕地所需的劳动力，以及投入所需设备应得的正常利润。所有其他土地都有类似的劳动力和利润的要求，但更高的产量与优越的肥力、灌溉和土地的位置有关。这些因素是地主可以自行挑选的。因此，任何时候的租金取决于两个因素：土壤的生产力和最终产品的价格，这将（随时）决定土地耕种的数量（在李嘉图的理论中，租金对价格没有影响）。

李嘉图的租金理论和马尔萨斯的工资理论是当时废除《谷物法》(Corn Laws)大讨论中的主流思想。《谷物法》是拿破仑时期英国对小麦进口征收的关税。根据李嘉图的理论，地主倾向于征收关税，因为昂贵的小麦意味着高昂的租金和丰厚的收入。新兴资本家则反对征收关税，因为来自爱尔兰和美国的廉价小麦意味着他们可以用更低的价格雇佣更多的劳动力。但是马尔萨斯理论有一个有趣的暗示，即小麦的价格——工资账单的主要支出对象，对工人没有影响。不管小麦的价格在更大的市场上是多少，他们只得到用于维持生计的小麦数量。如果消费价格下降，他们的工资（以货币计算）就会下降。因此，当议会激烈争辩这个问题，乃至《谷物法》最终被废除时，他们都没有咨询那些吃谷物的人。

为什么马克思认为资本主义只会给工人带来贫困？

19世纪，工业化和动荡的经济变革在世界各地浪潮涌动，但变革的中心长期在英国。在那里，德国难民、政治活动家卡尔·马克思整日在大英博物馆的阅览室中起草着《资本论》这一不朽的巨著。

马克思反对马尔萨斯的工资铁律学说。在他那个时代，生产不再受生理差别的限制。资本主义的发展打破了以往所有的生产力水平，第一次生产出大量廉价的工业制成品，与此同时，新发现的耕地和国际贸易也降低了粮食种植的成本。但是为什么工人们仍然如此贫穷呢？马克思整理了议会和其他相关调查的详细记录，研究为什么他们会被折磨得像奴隶一样，为什么他们的健康会被过度的工作、灰尘、有毒化学物质和危险的机器所消耗。

马克思的答案把工资植根于剥削理论。即使在最富有生产力和效率的制度下，工人每天也必须工作一定的时间，只有这样才能获得维持他们自己和家庭成员生存所必需的物品。马克思把这种劳动时间称为劳动力的价值。但是，在工作的剩余时间里，工人生产的价值超过了他们所得的报酬。那么，多生产出来的剩余产品会怎么样呢？在资本主义制度下，它们是拥有机器、工厂和产品的资本家的财产。马克思把用于生产这些额外商品的时间称为剩余价值的计量标准。

很显然，资本家希望从工人身上获得尽可能多的剩余价值。不同种类的资本都参与到这一目标的实现中来。漫长的工作日、漫长的工作周、恶劣的环境、妇女、童工——从纺织厂、煤矿到配饰商店，再到斯塔福德郡的精美陶器厂，这些例子直至今天都让人觉得十分严酷。对马克思来说，这不仅仅是贪婪、虐待或其他邪恶人性的问题。相反，迫于与其他资本家之间的残酷竞争，资本家不得不尽可能严酷地对待他们的工人。竞争导致了只有最残酷的资本家才能生存下去。因此，阶级之间的巨大不平等和冲突是这一制度不可避免的特征。

如果马克思是对的，资本主义的问题在于如何把所有新工厂生产的大量产品卖出去。资本家，只是一个小群体，即使在他们最奢侈的时候，也不可能消费得了自己生产出来的全部产品。如果工人只能得到维持生计所必需的最低工资，那么他们永远不会拥有消费这些产品所需的购买力。解决办法只能是将过剩的产出用于支付新的投资，或者用于出口，或者用于战争，因为这些投资不会立即产生消费品。贸易保护主义盛行的时候，殖民地成为受保护的市场用于消化出口。因此，英国占领了印度，在某种程度上是为了向其倾倒廉价的曼彻斯特棉花；而英国和法国为了强迫中国开放市场发动了鸦片战争，迫使鸦片这种产于英属印度和法属中南半岛的产品强行进入中国市场。后来，在第一次世界大战中，欧洲列强的过剩工业生产品找到了出口，生产出了屠杀数百万年轻人的武器。

因此马克思希望有一个不同的结果，即共产主义革命。"这个外壳就要炸毁了。资本主义私有制的丧钟就要敲响了。剥夺者就要被剥夺了。"这就是他对卢梭的回应。

为什么凯恩斯认为不平等是资本主义在 19 世纪晚期成功的真正原因？

当马克思指出不平等理论是革命产生的根源时，实际上，欧洲的工人阶级的情况正在好转。19 世纪下半叶，工人阶级的生活水平开始逐渐提高，这一时期在美国被称为"镀金时代"（Gilded Age）。

虽然贫富差距还是和以往一样大，但令人难以忍受的大规模贫困的阴影开始消散，工资的铁律和马克思的最大剩余价值理论都开始受到质疑。

年轻的约翰·梅纳德·凯恩斯生于 1883 年，也就是马克思去世的那年，他在《和平的经济后果》（*The Economic Consequences of the Peace*）一书的开篇几页雄辩地彰显了 19 世纪末的精神，他愤怒地抗议 1919 年《凡尔赛和约》的条款。在文章伊始，凯恩斯就第一次世界大战前 50 年逐渐衰落的马尔萨斯问题做了简短的评论。

在那个幸福的时代，人们的世界观不再是政治经济学奠基人的那种根深蒂固的悲观。18 世纪以前，人类不抱任何不切实际的幻想。马尔萨斯在 18 世纪末期揭露的魔鬼击碎了所有幻想。半个世纪后，所有严肃的经济学著作都清楚地揭示了这个恶魔的存在。又过了半个世纪，魔鬼又被锁起来不见了踪影。

凯恩斯认为，一战前工人阶级的部分收益来自商业领袖们更大的收益——前提是这些领袖，即资本家，通过投资来合理利用他们的收益，而不是在奢华的生活中挥霍他们的财富。下面我们详细引用凯恩斯关于"社会心理学"（psychology of society）的内容。

19 世纪的新贵们并不是在挥霍无度的环境中成长起来的，他们更享受投资带来的权力而非即期消费带来的快乐。事实上，正是财富分配的**不平等**才使固定资产的大量积累和资本增值成为可能，才使得那个时代有别于其他时代。这就是资本主义制度的主要优势。如果富人把他们的新财富花在自己的享乐上，人们早就会发现这样一个政权是无法容忍的。但是他们就像蜜蜂一样储蓄和积累，当然这不仅仅是为了整个社会的利益，因为他们自己有更狭隘的预期目标……

因此，这个了不起的制度的发展有赖于双重虚张声势或欺骗。一方面，工人阶级出于无知或无奈，或被强迫、被说服、被习俗绑架，遵循惯例、畏惧权威、而接受既定的社会秩序。工人与自然和资本家共同参与生产，却只有很少情况下可以分得属于自己的蛋糕。另一方面，资产阶级把蛋糕最好的部分归为他们所有。在理论上他们可以自由地享用它，但却有一个潜在条件，他们实际上只消费了很少的一部分。

在维多利亚女王统治下兴起，到 1914 年 8 月终止的"幸福时代"（happy age）已经逝去。凯恩斯对这段岁月的分析，抓住了许多怀念以节俭和繁荣为代表的"维多利亚时代的美德"（Victorian virtues）的人心。然而，也有人从一个完全不同的角度看待这些岁月，其中最著名的是一位美国人，经济学家托尔斯坦·凡勃仑。

什么是托尔斯坦·凡勃仑的有闲阶级论?

当年轻的凯恩斯大加赞赏"双重虚张声势",称其把不断加剧的不平等变成了欧洲丰饶的劳动生产力和日益富裕的生活时,在大西洋彼岸,一位愤世嫉俗的学者正在研究美国镀金时代的新富阶层。这就是托尔斯坦·凡勃仑。他的《有闲阶级论》(*Theory of the Leisure Class*)诞生于 1899 年。这一理论让被他当做笑柄的"高级野蛮人"大为不适。"炫耀性消费""炫耀性休闲""炫耀性浪费"和"金钱竞赛"等词至今仍时有耳闻。

凡勃仑不认为资本家是一种职业。"有闲阶级生活的显著特征是,什么工作都不用做。"在凡勃仑看来,富人的"工作"主要是寻找富有想象力的方式来宣传这种无需工作的豁免权的事实。通过这种方式,并通过展示与巨额财富相伴而生的自然财产,富人赢得了他们的声望。

凡勃仑指出,富人的财产始于对妇女的所有权,后来延伸到奴隶,进而扩展到个人物质财产的积累。随着这些东西变得越来越重要,拥有那些最无用、最稀有、最奇特、最华丽的物品就会获得最大的声望。

例如购买最丰盛的食物、最昂贵的酒、最奇特和最危险的毒药；维持最大、最精致的家庭，包括饲养昂贵而无用的宠物；举办最奢华的娱乐活动——油画展览、白兰地酒会、雪茄品鉴会、吉娃娃聚会和化装舞会。如果凡勃仑生活在现代，或许会把攀比性的慈善事业作为富人的一种地位游戏。

凡勃仑的有闲阶级主要由四个主要的阶级组成：政客、教士、运动员和军人。每个阶级都有自己的地位体系和象征。这种体系和象征受到金钱和其他回报的双重驱动，特别是地位和荣耀。学者可以说是教士阶级的一部分"副产品"或象征性的分支。从中世纪或者更早时候流传下来的象征性的仪式在学术界依然很盛行，实行这些象征性仪式使得他们有别于那些必须工作谋生的人。毋庸置疑，有闲阶级是早期狩猎者的直系后裔，其主要参与者（直到今天）绝大多数是男性。的确，有闲阶级的制度与男权主导的制度大致相同。

而且，正如凡勃仑所观察到的，有用的工作恰恰是妇女的专长。妇女对劳动的擅长起源于她们早期耕作者的角色。那时，男人打猎，女人耕种。狩猎往往带来了声望，而耕种则没有。在现代社会，当男性为地位而竞争时，女性则在工厂里操作着机器，在商店里销售着商品，在家里管理着家庭消费。所有这些，尽管是经济生活的基本要素，却也是社会建设的苦差事。

在凡勃仑看来，维系这个体系的关键人物既不是资本家也不是工人，而是工程师。正是他们（代表他们的主人）使工业机器运转起来。因此，当马克思寻求推翻不平等的制度时，当年轻的凯恩斯哀叹生产率这一所有人财富的源泉日益下降时，凡勃仑看不到被有闲阶级所统治的社会的任何出路，除非建立他所谓的"技术人员的苏维埃"（Soviet of Engineers）。但是，正如他所料，工程师很容易满足于平静而富足的生活。就像今天的美国一般，从贫瘠的国家引进他们，并给他们颁发临时签证，他们就满足了。因此，时至今日，依靠他们发起对有闲阶级的革命仍然是不可能的。

为什么约瑟夫·熊彼特不担心不平等，反而辩称过度担忧不平等实际上更危险？

20 世纪 20 年代，美国在凡勃仑所塑造的知识氛围下，我们下一个主角出现了。他是奥地利财政部前部长，后来成为哈佛大学教授，名叫约瑟夫·熊彼特。熊彼特是一位杰出的极端保守主义者，他既反对教科书中关于竞争经济理论对平等主义的幻想，也反对凡勃仑和马克思追随者的平等社会理想主义。相反，他认为，巨大的不平等不仅是可以容忍的，而且实际上是必不可少的。

熊彼特认为，巨额财富的优势并不在于有节制的储蓄和投资倾向。他并不崇拜富人，即使他们非常地自律。相反，他钦佩野心勃勃和贪婪的人。因为这些人有着拥有巨大经济收益的前景。在发达国家，拥有新技术、能够成功创新的新企业就能拥有暂时的经济实力，这比其他所有方法都要好。随之而来的也将是未来销售前景带来的巨额财富。

然而，正如熊彼特所言，创新是一把双刃剑。一方面，它降低了成本，增加了消费的可能性，提高了生活水平。但另一方面，成功的创新必然会摧毁它所取代的公司和行业。因此，它用一个高度不平等、垄断和不稳定的生产节点来替代一个稳定、成熟、竞争、平等的生产网络。熊彼特称之为"创造性破坏"。对他来说，这是资本主义进步的独特动力。

创新带来的巨大回报让人趋之若鹜，然而人们却往往高估了自己的能力。结果是赢家获得巨大的收益，但也会有大量失望和失败的"早知如此"的人。但他们之间存在巨大的不平等，也会带来社会和物质生产的活力。熊彼特写道，资本主义的成就不在于为女王提供更多的丝袜，而在于让工厂女工花费更少的力气消费得起丝袜。如果货币工资在总产出中保持稳定的份额(熊彼特认为这是资本主义分配的正常情况),这将确保更多产出下不断下降的产品价格转化为工人阶级不断提高的生活水平。

与马克思和凯恩斯一样,熊彼特对高度不平等的资本主义的生存前景持悲观态度。但他的理由却截然不同。在他看来,危险并非来自资本和劳动之间的矛盾冲突,而是来自国家机器,尤其是在民主制度下充当工人阶级代理人的官僚主义和监管机构。如果国家以公共福利的名义限制私人激励,那么熊彼特担心创新和变革会受到抑制。如果回报不高,冒这么大的风险又有什么意义呢?

因此,熊彼特反对富兰克林·罗斯福的新政,更广泛地说,他反对凯恩斯用公共支出解决大萧条的计划。他相信大萧条会自行解决,会随着创造性破坏的浪潮自行离去。但是,即使有人不同意他的观点——正如罗斯福时期的美国公众一样,我们仍然可以证明:从原则上说,熊彼特是有道理的。举个极端的例子,许多人认为,官僚主义、监管和中央计划导致了苏联的工作效率低下,尤其是临近解体的时候,导致许多产品和服务的生产和销售存在技术缺陷。社会主义可能是公平的,但资本主义是动态发展的,熊彼特的拥趸们认为,每次都是动态发展的最终胜出。

西蒙·库兹涅茨拥有最后的决定权吗？

我们审视的最后一位伟人是俄罗斯裔美国人西蒙·库兹涅茨，他是1971年诺贝尔经济学奖获得者。库兹涅茨有很多杰出之处：20世纪30年代，他发明了国民收入核算体系；20世纪40年代，他为二战期间的美国制定生产计划发挥了核心作用。二战后，他把注意力转向经济发展。1955年，他担任美国经济协会主席，并以这一身份发表了有史以来最具影响力的关于发展与不平等的演讲。

与凡勃仑不同，库兹涅茨不是一位社会批评家；与马克思、凯恩斯、熊彼特或斯蒂格利茨不同，他并不特别关注不平等作为一个学术问题可能带来的后果。相反，库兹涅茨想要了解在经济发展过程中，不平等程度变化背后的驱动力。由此他提出了一个非常简单的假设。

假设经济发展的起点是一个小农国家，就像工业化前的英国或美国北部的部分地区一样。这样的社会相对平等：一个小农场主很少比他的邻居富有或贫穷。但是，随着工业化和城市化的不断推进，在工厂工作所得的工资总是比在临近的农场工作高，也只有这样人们才会搬到城市里去。城市内部也是不平等的，他们有银行家，也有清洁工。

因此,随着城市的发展,不平等必然加剧。库兹涅茨认为,当城市和农村的人口达到一定程度的总体平衡时,不平等程度也会达到最大值。之后,随着人口的城市化进一步扩大,城乡之间的差别变得不那么重要了,不平等必然减少。此外,库兹涅茨认为,随着城市的发展,社会民主的压力不断加大,城市内部也会逐渐变得平等。综合以上两种因素,不平等程度的总体格局将是倒 U 型的,即不平等在经济社会发展的早期逐渐上升,后期逐渐下降。

库兹涅茨的观点被认为是为了使资本主义发展过程中日益加剧的不平等现象合理化而提出的。在 20 世纪 50 年代,可能存在这样的现象。但是它主要是一个深刻的、但属于常识性的历史分析,这并不意味着它一定总是正确的。自库兹涅茨以来,许多经济学家一直在寻找收入和经济发展的倒 U 曲线(inverted U-curve),但通常收效甚微。这只能说明,已经发表的论文系统性地忽略了这一点。

例如,最初美国南部种植园的不平等程度是再高不过的了。随着奴隶制的废除和工业的发展,该地区才逐渐变得更加平等。人们不可能在这观测到倒 U 曲线。现代美国拥有庞大的金融和高科技部门,随着经济的快速增长,不平等程度可能会上升,而非下降。这是因为美国很大一部分的高收入人群直接或间接地来自资本市场。另一方面,在石油酋长国,不平等程度可能随着石油价格的变化而变化。

因此，虽然有很多种模式，但是库兹涅茨的总体观点仍然令人信服。我们期望不平等的变化能够反映各地区人口分布和经济活动的变化，以及各地区和部门之间相互关系的变化。在世界各国不平等的计量方法随着经济发展不断变化的趋势中，有相当一部分可以用这些简单的过程来解释，而且只有解释了它们之后，才有必要寻求更新奇的解释。

第三章　不平等的类型

　　还有很多种不同类型的不平等。将个人划分到他们所属的群体中,考察不同群体之间存在的不平等,通常是一个群体与另一个群体之间的平均(或中位数)收入(或工资或财富)之间的不平等。这些情况被称为不同类型的不平等,它们在所有人类社会中都是一股强大的力量。

　　分类方案或分类标准不是天然产生的,它们必须基于某些东西,比如属性或测量值,或是基于生物类别、亲缘关系和进化史上的遗传共性。林奈的植物分类法是一个不朽的范例,但由于它们是根据绿植和花卉的外表相似性来分类的,所以从进化的角度看,不能将其作为可靠的参考。那么,经济学如何进行分类?古典经济学和新古典经济学的分类体系都是建立在劳动、资本和土地的理论概念之上的,而分类的好坏都取决于这种核算体系的优劣。但是假设大多数人都从这些类别中获得了收入,是否会使边界变得模糊,或者是否存在收入来源不明确的情况？小商店店主的收入有多少分别来自劳动、资本或者店铺地理位置？很可能他自己也不清楚。在现实世界中，也很难完全将工人、资本家和地主区分开来。

另一种方法是按照观测值来分类，即按被观测群体所具有的共同的最重要的特征来分类。这样就可以分解分析不同属性的群体差异带来的不平等。

社会类别是如何产生和演变的?

人类是社会性动物，这就会产生绝对的不平等。我们群居而生，群体的产生最开始来自家庭的延伸，形成了宗族、部落和民族。群体的成员相互保护，群体内的人享有群体外的人没有的特权。每一层群体都拥有自己的领地，成员享受他们专有的生存和获得财富的权利。家庭、宗族、部落和民族也是社会组织的基础和争夺可用资源的工具。有些群体相比其他的群体更强大，人数更多，更富有。同时，成员必须对他们的群体忠诚，即使是弱势群体也一样，因为他们从中可以获得（比个体）优先的权利。不管一个家庭、宗族、部落或者民族多么贫穷，个体与其被人抛弃、孤军奋战，不如成为其中一员。

这种原始类型的群体通常是父系的,即成员资格继承自父亲,也有些是母系,他们的成员资格继承自母亲,这也意味着成员资格可以通过简单的通婚行为来改变。女性通常是从原生家庭中"嫁出去"的,其标志就是结婚后改随夫姓。任何一种性别都可以与一个更大的群体通婚,比如一个部落。在殖民时期的美国,少数白人定居者与印第安部落通婚,反之亦然,但是印第安部落比白人社会更能接受异族男性。在现代社会,男人和女人一样可以异国通婚。在大多数国家,结婚仍然是外国人获得公民身份最容易的方式,当然,这种移民的路径主要是从较贫穷的国家到较富裕的国家。然而,尽管像家庭这样的小群体不断地形成和瓦解,但像国家这样的大群体,在任何一年里,通常只从外部获得或失去小部分的人口。

随着人类社会的发展和交融,群体成员的结构变得更加复杂。阶级联合体系逐渐形成,每个个体都有一系列的识别标志。在某些社会中,社会阶级有着明确的定义:地主贵族、商人或资产阶级、工人或无产阶级。在印度,种姓制度是另一种有着悠久历史的复杂结构。正如吉尔伯特和沙利文所述,政党一直是重要的组织结构:

> 男孩也好,
>
> 女孩也好,
>
> 只要来到这个世上,

要么是个小自由派，

要么就是小保守派。

今天，在美国，政党不再是群众性组织，但你的大学校友会却可能是。

宗教是一个非常重要的群体结构。宗教和婚姻一样，是一种排外性类别。在任何时候，你只能属于一个人或一个宗教团体；虽然宗教和婚姻可能会发生改变，它们都有精心设计的仪式和典礼。在某些情况下，不存在群体之间的差异，例如，卫理公会教徒和路德教教徒的收入并没有显著的差别。在其他情况下，如前所述，宗教的特权和排外使得宗教身份成为个人收入和经济福利的一个基本决定因素。在美国，新教徒、天主教徒和犹太教徒之间的收入差别正是如此，只是现在这种差别可能比过去小。

其他近乎排外的类别包括大学联谊会或女生联谊会、大学校友会、职业资格协会以及黑手党。其中一些类别对经济地位有深远的影响，被视为排外和特权的象征。此外，国籍也具有相同的排他性，虽然一小部分人拥有多本护照，但这也是现代社会发展背景下的少数情况。

还有一些类别是流动的，你可以同时属于多个群体。比如血统，在现代美国以及其他地方的大多数人都拥有多种血统（笔者有四个孩子,他们的血统来自苏格兰、英国、德国、法国、美国、美国南部、加拿大、切罗基和中国)。血统和种族有着密切的联系,但也并非完全是同一回事。尽管种族在表面上也是世系的,但是不像血统那样是多元的。

毋庸置疑,在所有造成绝对不平等的根源中,种族是最重要的也是最奇怪的根源之一。

什么是种族？　种族为何如此重要?

我们从非裔美国人入手探讨美国种族问题,因为在撰写本书时,时任美国总统正是非裔美国人。那么,什么是非裔美国人?

在美国,非裔美国人是一个种族概念。例如,在人口普查表中,"Black"和"Negro"是通用的,表示黑人。在通用语言中,非裔美国人通常指的是,那些祖先被当作奴隶从非洲大陆贩卖到西半球生活了几个世纪的人。很少有非裔美国人是纯正的奴隶血统,但这个群体的共同核心是奴隶后裔。因为黑人血统与奴隶制有着很深的联系,所以非裔美国人既是一种血统的定义,也是一种社会的定义。这也不是任何意义上的亲属关系的问题,因为非洲奴隶来自许多不同的地域、部落和语族。

贝拉克·奥巴马总统是否符合这一定义呢？奇怪的是，尽管奥巴马总统毫无疑问是非裔美国人，但他完全不符合通常的定义。他的生父老贝拉克·奥巴马是肯尼亚人，属于卢奥部落。而卢奥部落（位于东非）远离非洲供应奴隶的地区。虽然老奥巴马不是美国人，但他曾在美国居住过一段时间，最终回到肯尼亚生活和工作。总统的母亲安·邓纳姆是白人。奥巴马总统本人在一个白人家庭长大。

那么，年轻的巴里·奥巴马是什么时候成为非裔美国人的呢？的确，一位医生在他的出生证明上指定了这一身份。但他第一次成为非裔美国人似乎是在年轻的时候：在大学里，以及后来在芝加哥南部担任社区组织者的时候。从某种意义上来说，他主动选择了做非裔美国人。美国前国务卿科林·鲍威尔也是类似的情况，他的祖籍是牙买加。如果鲍威尔继续留在牙买加，他就不会是非裔美国人。简单地说，他会是牙买加人。

这些都不是典型的案例，但它们都不可避免地指向了"种族"的本质。种族不是一个生物学上的名称。它是一种社会定义，由一个国家特定的风俗、法律和习惯塑造而成。在美国有许多的非裔美国人。这是一个社会群体，而不是生物群体，它只存在于美利坚合众国，不存在于其他任何地方。

　　过去,各个州通过不尽相同的立法定义种族群体。例如,在路易斯安那州和南部的一些地方使用"一滴血原则"。即如果一个人的祖先,无论多么久远,起源于非洲,那么在那个州的法律来看,他就是黑人("Negro"或"Black")。当然,颁布这项法律的目的是为了区分一小群所谓的纯种白人,让他们优先享有公民权利、政治权利和公共服务。这一特殊的定义使得许多肤色较浅的路易斯安那州人变成了"黑人",由此产生的歧视促使其中一些人试图"冒充"白人。令人高兴的是,这些法律定义现在已经绝迹,现在人们可以自主回答人口普查表格上的"种族"问题。

　　直到 1994 年解放以前,种族隔离制度把南非分为三个等级:黑人、白人和有色人种,其中最后一类包括大量的亚裔印度人(日本人被认为是"荣誉白人")。这是一个严格的特权和强制成员制度,延伸到禁止跨种族通婚和通奸。在其他国家,种族认同的目的是保护弱势少数群体的身份和群体的完整性。苏联的"少数民族"以及巴西、加拿大和澳大利亚等国的土著和原住民都是如此(至少在名称上是这样的)。在实践中,这些群体的独立地位可能成为一种镇压手段,美国印第安人所经历的一切就清楚地说明了这一点。

　　显然,在一个极为多样化和混合血统的社会群体中,按照种族继承区分群体特征是行不通的。但这并没有阻止许多种族主义的伪科学家们著书立说来说明一个群体的优势或另一个群体的劣势。

种族是一个有问题的分类方法，有的国家根本不承认种族分类，例如法国。然而，这并不意味着种族在法国是一个不重要的社会标志。在法国，几乎和所有地方一样，种族仍然是一个非常重要的分类标准。而这种观念反过来又在社会关系的建立上发挥了重要的作用，从而形成了教育、就业和职业发展中的社会和空间的隔离以及歧视性行为。这些都会导致并加剧经济不平等，这是"种族"的绝对不平等给现代国家和社会造成的最主要的挑战。毋庸置疑，只要平等和正义的目标仍然重要和难以实现，那么种族不平等就将持续存在。

为什么性别不平等很重要？

所有动物物种最大的区别是雌雄，人类最大的区别是男女。与种族不同，这种区别有着明确的生物学基础，尽管变性者的出现正在模糊这种区别。无论如何，区分性和性别是有意义的，并且性别一词不仅是生物学术语，也是一个社会问题。

男女之间的不平等现象普遍存在。几乎在世界各地，女性工作更努力，地位却更低，收入更少。在工薪阶层和中产阶层家庭中，她们承担很大一部分的杂务、家务、照顾孩子和老人的工作。最大的例外是那些已婚的高收入家庭中的家庭主妇，她们主要负责管钱和花钱，包括指挥家里的佣人工作，而这些佣人往往也是女性。

从经济的视角来看，很难说女人比男人差，因为很多男女在组成家庭后，享受相同的生活水平、平分或近乎平等地支配家庭财富。但在美国，职业女性的平均收入是男性同事的77％，尽管这种差异很大一部分是由观察对象的特征（如年龄和受教育程度）而非性别的差异造成的。妇女仍然倾向于从事"女性化"的职业，例如教育或护理，这些职业的工资和地位相对于进入这些行业所需要的受教育水平来说都比较低。随着时间的推移，一些职业（如公务员）由于失去了相对较高的经济地位而变得更加女性化。在过去一代的美国，虽然晋升和成为企业高管的门槛已经降低了，但是女性在顶端的金融业、工业、政府或大学终身制任教的比例仍然较低。

与此同时，正如马克思所观察到的，制造业的自动化和服务业的增长为美国及世界各地的女性提供了大量低地位的工作；年轻的农村妇女是制造业劳动力的主要组成部分，世界各地的血汗工厂也是如此。在美国，在年轻家庭中处于主导地位的职业女性比单身的职业男性更有可能陷入贫困或接近贫困。众所周知，离婚会导致女性收入下降，而离异男性的收入和生活水平往往会上升。单身老年妇女在年轻时往往赚不到高收入，当她们年老时，也通常处于老年人生活水平的最底层。

毫无疑问，妇女解放一直是、现在依然是有史以来最具挑战性和最困难的社会和经济问题。

什么是国籍和法律地位？ 为什么它们很重要？

从经济的角度来看，也许最重要的社会法律范畴是一个我们通常不怎么考虑的问题：国籍和法律地位。它指的是地球上每个人都有的、明确的、近乎普遍的、几乎是唯一的属性：一个人属于哪个国家？有权居住在哪个国家？

国家是一个基本的分类单位。只有几乎无人居住的公海和南极洲不属于任何国家。国籍是公民与生俱来的属性。国籍意味着一个人在其所属国家生活的权利，但它也意味着一个人可能被排除在别的国家之外，或在他国被视为政治和经济地位低下的人。由于全球各国的平均收入和生活水平差异可能非常大，国籍是经济财富和幸福最重要的影响因素。按照世界标准，生活在富裕国家的人往往更富有。例如，在德国，几乎没有人的收入低于世界平均水平。生活在非常贫穷的国家的人大部分都非常贫穷。他们中可能有少数富人，比如大地主、矿业大亨和黑社会,但是如果人口总体上不穷,这个国家就不可能贫穷。

当我们说一个国家贫穷是什么意思?这里有一个重要的区别。有两种不同的衡量方法。一种是调查人们如何生活,他们消费水平如何,寿命有多长,拥有多少自由的时间和便利设施。这里包括比较该地区的物质消耗,经济学家称为基于"购买力平价"的比较。另一种方式是比较世界市场上货币收入的购买力,即如果你碰巧去了别的国家,你的收入能买到什么,这取决于汇率,就这方面来说,富裕国家的公民拥有巨大的优势,他们的货币收入在贫穷国家往往比在国内值钱很多。相反,如果在富裕国家没有收入来源,大多数贫穷国家的公民很难移居到富裕国家。因此,国籍在很大程度上决定了经济命运。

当然并非完全如此。当国家之间存在巨大的不平等时,有些人会迁移。迁移和移民是由经济不平等造成的。如果一个贫穷国家的公民移民到富裕国家,并且找到了一份工作,即使是一份艰难而糟糕的工作,他们很可能会挣得比在国内多得多。这就是他们移民的原因!在新国家的生活条件可能很艰苦,甚至几乎无法忍受,但是,移民者可以将部分收入寄回家,在那里兑换成贫穷国家的钱,这些钱将发挥更大的作用。

因此,富裕国家吸引了很多来自不那么发达的国家的移民,尤其是在最近这段时间,贫穷国家的发展困难重重,但是却更有利于移民。随之而来的是,富裕国家必须面对如何处理移民的问题。随着移民人口的增长，尤其是如果他们是非法移民，没有在新国家正式生活和工作的权利时，他们就成为"二等公民"阶层，他们没有政治发言权，几乎没有公民权利。他们也更容易在当地人求职时造成竞争威胁，或者干脆导致当地人失业，因为为雇佣者提供移民能接受但本地人无法接受的工作是可能，而且是有利可图的。因此，必须在大规模驱逐和扩大政治权利之间做出选择，前者可能带来道德和人道主义灾难，后者看起来是公平的，但却可能会打开移民的闸门。这个难题至今没有任何国家能够有效解决，这就是为什么即使是在像美国这样的"移民国家"，移民仍然是一个热门的政治问题。

绝对不平等能被消除吗？

这个问题的简单答案是：不能。所有社会都存在绝对不平等，而且这种不平等永远不会完全消失。但有时它们的特征会随着时间而改变。经过一段时间的不懈努力，一个特定的被污名化的群体有可能凭借特殊努力成为"主流"，不再是"弱势群体"。这有例可循，在美国，包括爱尔兰人、意大利人和犹太人在内的许多欧洲族裔群就是如此。近年来，《美国残疾人法》的颁布，解决了许多针对残障者的不利因素。

非正统性取向和性别认同的污名化也有所下降。

即便如此，在美国，平均而言，黑人与白人的区别仍然意味着收入和个人财富的巨大差距。与其他群体相比，非裔美国家庭的财务净值更有可能为零。美国黑人的收入水平有所提高，主要是由于多年来，他们放弃了南方农场的艰苦生活后，被一个新的下层阶层取而代之——即墨西哥和中美洲裔的非法移民。他们工资低，说西班牙语，做临时工，没有稳定的法律地位，完全缺乏政治权利和发言权，稳坐社会的最底层。

任何一种类型的绝对不平等的程度都取决于两个因素。一个是特定群体在收入和财富结构中的位置，即相对地位。另一个是社会整体结构的格局。收入和财富是高度集中在少数特权阶层，还是社会总体上是平等的，贫富差距不大，能够为最弱势群体提供有效的社会保险和其他保障？后者虽然仍然存在令人反感的差别和歧视，但解决这个问题的代价比什么都不做小得多。

如果不可能消除，怎么样才能减少绝对不平等？

这些反思和长期经验表明，有两种减少绝对不平等的方法。一是关注不同群体的地位。二是关注工资、收入和财富的结构。

关注不同群体的地位的政策包括民权法、投票权法、住房和教育一体化、平权运动和移民改革等。由于这些政策与社会普遍存在的偏见和态度截然相反，它们不可避免地会遭到激烈的反对。在某些情况下，就像平权运动一样，它们最终实现的目标可能并不像最初设想的那样纯粹。平权运动是当今一流大学招生时主要的竞争手段，目的是吸引非裔美国人和西班牙裔中产阶层中有才华并且精心准备的孩子。这不是件坏事，因为优秀的学校需要多元化的学生组成，少数族裔社区需要高素质的专业人士、领袖和榜样。但是，以这种方式实施的平权运动很少能为真正处于不利地位的人敞开大门。

关注工资、收入和财富的政策包括最低工资、集体谈判权、社会保障、全民医疗保险、失业保险、金融监管、累进所得税、房产税和遗产税。这类措施缓解了底层阶层的压力，从而增加了阶层向上的流动性。这两类政策对构建一个更好、更公平和更公正的国家发挥着重要的作用。但这两种类型的政策都不能解决所有不平等类型中最明显的一个问题，即世界各国之间的鸿沟。

第四章 分配的主要概念

如前所述,经济不平等这个词涵盖了许多不同的理念、概念和衡量标准。本章,我们将介绍具有实际意义的主要术语,因为政府和其他机构倾向于收集这些术语的数据,这些数据将在之后进行使用,因此稍后我们将尽量使用通俗的语言介绍这些术语。

什么是收入?

收入是衡量经济成就和地位的最常用指标,而收入分配是衡量不平等最广为人知和应用范围最广的指标。但是收入有很多种形式,因此仔细说明每一种收入的确切含义很重要。

在征收所得税的国家,所得税的含义是税务机关明确规定的。税务机关会告诉你对什么征税,对什么免税。例如,在美国,收入中用于企业开支和慈善捐款的部分可能免税，剩余的部分进行上报缴税。他们的想法是，营业收入扣除费用，因为赚钱需要本钱，而当你向教堂或其他免税机构捐款时，是在流转收入，而不是把它留给自己。

因此，纳税体系完善的国家对纳税人的收入统计也完善，但不同税法国家的收入统计方法不同，收入统计方法会随着税法的改变而改变。例如，在1986年的美国，一项税法改革法案废除了对高收入人群的纳税减免，然后以较低的税率对高收入人群征税。高收入人群上报的收入自然增加了，这也成为收入分配统计数据混乱的根源。

许多国家不征收所得税，因此没有所得税的记录。在这些国家，了解收入的主要方法是进行调查（美国和其他征收所得税的国家也会这样做）。调查必须明确什么是收入，并且通常允许受访者的收入在一个明确范围内：比如低于10万，10万—20万等。在贫穷国家，这一问题可能会因为是否以实物而不是货币形式来衡量所赚取的收入而变得复杂。如果你是一个牧羊村庄里的商人，有人用一只山羊抵冲价款，这怎么算在你的收入中呢？

获得收入的主体通常是个人，收入在人与人之间的分配被称为收入的个人分配，这不足为奇。个人分配的不平等程度是衡量经济结构的有效指标，用于衡量工作（时间）的报酬是否相对平等。但这并不是衡量经济福利不平等程度的合适方法，因为大多数消费的主体并非个体。相反，在家庭生活中，有些人有多个收入来源，有些人只有一个收入来源或根本没有，家庭将收入集中起来用于消费。

家庭收入分配是衡量获得经济资源的平等程度的一项基本指标。它告诉我们生活水平的分布是均匀的还是不均匀的。但同样也有一些复杂的因素。家庭有大有小，在一定的收入水平下，大的家庭生活水平较低，小的家庭生活水平较高。经济学家使用均等比来解决这一问题。

如果一个国家不同地区的生活成本不同，就会产生另外一个问题。即调查结果需要根据住在农村比在城市更便宜这一事实做出调整吗？调整后就可以得到一个衡量实际收入和实际收入分配不平等程度的指标。但很多人可能忽略这个事实：许多人还是更喜欢大城市的高收入，即使住在那里要贵得多。为什么？因为大城市有许多公共产品和服务，比如文化、娱乐和社会生活，不直接收费，而且在大城市的高收入可以在其他地方消费，两全得利。

这种复杂性告诉我们，即使是"简单"的收入概念也充满了衡量的困难和概念的模糊，而这才是刚刚开始。

在衡量个人或家庭收入不平等时，确定收入类型或概念是很重要的，因为不同的概念通常会产生截然不同的结果。三个重要的收入概念是市场收入、总收入和净收入或可支配收入。

什么是市场收入？

市场收入指的是个体经济活动所取得的现金收入。它包括工资和薪金（来自工作的收入），还包括股息、利息、股票期权的实现和已经实现的资本收益（来自资本的收入）。它包括租金，这是土地所有权的收入。市场收入不包括公共养老金、失业保险及其他并非来自"市场"活动的补贴和福利。对于那些认为区分来自经济的收入和来自国家的收入很重要的人来说，这个概念是非常有用的。

在发达的社会民主国家存在一个悖论：市场收入通常是非常不平等的，比任何其他类型的收入都要不平等得多。部分原因是基于这样的事实：在所有的社会民主的资本主义国家或者其他国家，带来最高收益的资本、资产所有权和高价值的土地都集中在极少数人手中，这些产生了极高的收入而先进的社会民主国家一般都有强制纳税且将数据留存的能力。与此同时，大多数工薪家庭几乎没有可产生收入的资产，他们完全或几乎完全依靠劳动获得收入。

但这种矛盾在很大程度上源于一个事实，即发达的社会民主国家有许多家庭没有市场收入。这是因为没有独立的收入仍然可以组建家庭。发达的社会民主国家拥有健全的福利制度,因此这些国家的退休老人、单亲父母等往往能够负担得起独立家庭的生活。所以他们倾向于迁移到低成本地区并聚集在一起,比如丹麦的北部或得克萨斯州的南部。在没有强有力的公共养老金和儿童抚养费的国家,没有市场收入的人必须与有市场收入的人住在一起。因此,市场收入的不平等可能不会那么严重,而家庭收入的整体不平等可能会更高。

什么是总收入?

总收入指所有的货币收入,包括市场收入和非市场收入。后者包括公共养老金和其他转移性收入,不包括用于支付营业开支的收入和其他应纳税收入中可扣除的项目,但包括用于支付税收的那部分收入。

总收入不平等能有效评估某一国家的社会和经济结构的不平等程度。在实证研究中,总收入不平等的排名符合大多数人的常识。也就是说,北欧的社会民主国家和东欧的前社会主义国家排名最低。这些国家的工资分配非常平均,没有资本性收入。南欧和北美的资本主义福利国家显示出更高的不平等,但与热带和欠发达国家相比,不平等程度仍然较低。从根本上讲，衡量总的家庭收入不平等的指标，似乎很好地展现了一个强大的工业和后工业中产阶级的优势、劣势或缺失。

然而，总收入并不是经济福利的衡量标准。在缴纳了直接税之后，还能有多少钱用于消费则取决于净收入。

什么是净收入或可支配收入？

净收入或可支配收入是指在所有市场收入和非市场收入中扣除应缴直接税，扣除医疗保险、退休金及其他需要立即扣除的支出后的收入。这是一个衡量家庭最终可用支出的指标。

家庭净收入，在根据家庭规模进行调整，忽略了生活成本的差异后，或多或少是对当前经济福利的准确衡量。一般而言，拥有更多可支配收入的家庭会更富裕，反之亦然。但这对于市场收入来说是不成立的，而对于总收入来说，根据税收的不同，可能成立，也可能不成立。

在发达国家，家庭净收入的分配远比总收入或市场收入的分配更平等。这是因为税收，至少是收入税和资本收益税是累进税率的，这意味着富人比穷人缴纳更多税收（此外，较富裕的人可能会推迟或掩盖他们需要征税的收入,并且购买更昂贵的保险)。所得税明显是累进的,边际税率不断上升。但其他税收,如资本收益税或普通股股息税,也几乎完全由富人缴纳。这种影响也是累进的,即使这类收入的税率低于普通收入的税率。原因是,收入最低的90%的人没有多少资本收益或股息可以上税,因此,他们无需缴税。

然而,净收入是在人们缴纳累退税之前计算出来的。累退税指消费税,如销售税或欧洲的增值税。由于穷人的消费占其收入的比例(以及在当地商店消费的比例)高于富人,销售税的负担便不成比例地落在了收入较低的人身上。然而,没有数据能反映消费税对家庭福利分配的影响,净收入是已知的最精简的收入概念。

在没有先进福利制度的国家,市场收入、总收入和净收入的不平等程度几乎没有差别。这些国家分为两类:一是欠发达国家,所有类型的不平等程度都相当严重;二是东欧一些国家,所有类型的不平等程度都相当低。在东欧国家,遗留的社会主义时期的平等的工资结构似乎尚未完全消除,然而政权的更迭(至少在一开始)确实导致了公共服务的衰落,包括公共卫生服务、教育和文化,这些在旧政权下都是生活的支柱。因此,社会虽然大体上仍然是平等的,但几乎没有有效的再分配,公共服务也十分薄弱。

在所有这些复杂因素的影响下,在不同的国家和不同的时间段获得优良的、具有可比性的不平等指标是不容易的。为了迎接这一项挑战，一些学者进行了多次尝试，其中最著名的是卢森堡收入研究（Luxembourg Income Study）机构和得克萨斯大学的不平等项目（University of Texas Inequality Project），他们分别使用了差别很大的方法和技术。我们之后将详细介绍。

有了关于各国收入、薪酬或工资的分布情况良好的现代数据库，就有可能研究整个分配的统计特性。经济物理学的分支进行了这项工作，研究表明，国民收入分配倾向于底层95％的人服从对数正态分布。与此同时，收入最高的5％左右的人服从幂律分布，该分布揭示了收入水平依次提高的阶层的情况。

各国的收入分配情况如何？

另一种收入分配的分类方法是按国家作为利益范畴分类。换言之，当人们希望计算各国之间的收入不平等时，在只有总人口和每个国家的平均收入的情况下，以购买力平价或该国收入决定的国内生活水平来衡量。

世界银行前经济学家布兰科·米兰诺维奇（Branko Milanovic）就

各国收入分配情况区分了两种衡量方法。其一，如他所言，是一个简单的衡量国家间收入差异的指标，不按人口加权。缺点是将中国和（例如）巴巴多斯等国视为同等重要。其二，将人口作为权重，缺点是仅中国和印度就占世界权重的 40%。

这两种方法在 20 世纪后期产生了不同的结果。第一种方法显示国家间不平等程度加剧，特别是 1980—2000 年这段时间。第二种方法则显示国家间不平等程度下降，因为中国的购买力平价下（至少在使用当时）的收入显示中国的幸福水平大幅提高，中国人口从底层进入了中产偏下阶层。当然，中国是一个大国，可以用不同的方式来进一步划分，比如分别衡量其城市和农村的收入。那么第二种方法计算的收入不平等就不会再下降，因为中国农村人口的很大一部分并没有受平均收入上升的强烈影响。所以，针对各国的收入分配情况，真的没有单一的最佳解决方案！

什么是全球收入分配?

研究收入分配的最后一种方法是试图衡量全世界人口收入的不平等，米兰诺维奇将其称为"第三种不平等"。他认为应该平等地对待每个人（或家庭），根据人类共同成员原则，评估每个人与其他所有人之间的关系。他将世界各地的家庭调查数据合并到一起，利用购买力平价的衡量方法，将每个家庭收入换算成同一种货币单位。

此项研究所得的实证结果是有局限性的，因为所需的数据只有近几年才能收集到足够大的国家样本数，其中包括中国和印度，两国的人口和家庭约占估算值的40％。此外，将不同的家庭调查数据混合在一起使用需要仔细查阅这些调查数据的档案，并且进行大量的非常仔细的比较。而最近的研究中，仅有20世纪80年代年后的四个年份的估计数据。

研究表明，在全球收入分配中，国籍的影响占主导地位。如果一个国家的人均收入处于贫困水平，那么无论其国内分配情况如何，几乎所有公民的收入都会低于全球平均水平。如果一个国家很富庶，那么几乎所有公民的收入都将位于全球水平的前半部分，其中大多数人的收入将位于全球前四分之一。在全球范围内，国家在世界上所处的位置比个人在本国内所处的位置重要得多。

当然，这些估值，在很大程度上取决于按各国购买力平价测算的准确性。这是有问题的，因为不同国家的人通常不会消费相同的产品。例如，中国家庭很少消费西方主食（如鲜牛奶）和西方奢侈品（如苏格兰威士忌）。如果以西方消费的比重来计算，中国似乎是一个生活成本很高的居住地。之所以出现这种事实扭曲,是因为随着收入的增加,中国家庭是否会对此类产品产生强烈的偏好,这一点并不确定。因此,仅仅因为这些家庭买不起他们不想要的东西就认为他们贫穷也是一种错觉。

那么,全球收入分配发生变化了吗?据我们所知,并不是很多。从广义上讲,大多数国家内部不平等的加剧在全球范围内被中国庞大中产阶层的崛起所抵消,(中国的发展)使数百万人摆脱了极端贫困。计算全球收入分配是一项有趣的工作,但一些学者仍然怀疑它与实际经济问题的联系。毕竟,政策仍主要由国家或贸易集团决定(以欧洲为例)。一旦政策制定者想要解决不平等的问题,那么不平等就能在其管辖范围内得以缓解,避免其影响波及全球。

什么是支出分配?

在一些国家,特别是在亚洲,经济学家(在很大程度上)选择不调查收入,而是调查家庭的消费或支出。这一方法对那些大部分人口自己种植粮食或以个人服务换取粮食和住房的国家特别有用,因为这些通常不会纳入现金收入调查。另一方面,注重调查消费也意味着不计算富人的储蓄，因此，很大一部分现金收入逃过了调查人员的视线。因此，消费或支出不平等几乎总是远低于任何类型的收入不平等，尤其是低于同一社会中的总的或市场的不平等。

举例来说，基于多年来的消费调查数据，就印度与主要拉美国家的不平等程度相比，印度是一个相对平等的国家。然而，收入数据研究表明，印度社会高度不平等，实际上是世界上最不平等的社会之一。收入数据与人们观察到的贫富差距是一致的。

什么是工资？ 什么是工资分配？

研究框架中的最后一个概念是工资。收入和支出是按个人和家庭来衡量的，指的是个人或家庭收入和支出的流量。工资则不依附于个人或家庭，而是依附于工作，指的是雇主在一定工作时间内所支付的费用。随着时间的推移，一份工作可能由几个不同的人担任。个人和家庭可能（也经常）拥有一份以上的工作。因此，雇主支出的不平等不等同于家庭收入的不平等，一个只拥有一份高薪工作的大家庭至少在经济方面可能会相对拮据，而一个拥有三到四份普通工作的小家庭可能会相当富裕。

　　工资数据的优势在于，在许多国家中都很容易获取并保存了相当年份的数据。如果收入由家庭进行记录，那么数据将十分分散，除非有良好的税收制度，否则收集数据需要进行调查，费用也是十分昂贵的。家庭是流动的，所以跟踪他们需要花费很多时间，在美国，密歇根大学社会科学研究所进行了收入动态面板研究（The Panel Study of Income Dynamics，PSID）。而在那些过去没有进行调查的国家，调查结果无法在事后进行重建，因为你不能问人家二三十年前的收入是多少。另一方面，作为企业，雇主因为记账而存留工资数据。因此，查找工资记录相对容易。此外，我们可以很容易地掌握整个世界范围内的信息，而不是进行抽样。在大多数国家，超过一定规模的企业必须报告就业和工资数据，因此，各国政府定期收集这类信息，并长期保存。

什么是部门或地区的工资分配？

　　原始的工资数据通常是不容易获得的，因为政府有义务保护受访者的个人隐私。在许多城市或地区，大企业雇主通常占据主导地位，他们在很多情况下为公众熟知。因此通常不需要使用原始数据。政府公布的数据，如按部门和地区分类的就业和工资表，就已经足以衡量工资不平等的主要趋势了。

这类部门数据通常由各国政府根据每个国家分类标准进行收集：例如可以简单分为农业、工业、金融业、建筑业、服务业、林业和渔业及其他类别。我们稍后会看到，即使是粗略的分类，也可以用来构建一种有效衡量部门工资不平等的方法。如果分类进一步细化，例如将行业细分成大量的子类型，那么不平等的度量也会更精确。

区域不平等也可以用同样的方法计算，所有国家从各省或州收集数据，各省从县收集数据，县从镇收集数据，以此类推。在省级区域按部门收集数据，可以衡量区域内各部门之间的不平等，形成部门和区域两重维度的数据，以此描绘出非常详细、精确的分配格局。这有利于研究相对工资是如何分布的，以及这些分布是如何随时间而变化的。

出于研究的目的，收入是理想的衡量标准，例如，可以研究家庭状况的差异。出于其他的目的，工资是更好的衡量标准，例如，经济理论长期以来一直关注时薪的确定，尽管时薪比率是无法直接衡量的（在某些行业，如农业不存在时薪）。但是工资比收入更接近时薪的概念，因为后者是以周收入的形式收集的，而周收入取决于工作时间和工作岗位。工资是企业在一定时间内现金支出的直接衡量标准。

此外，各主要部门之间或一国内各主要经济区域之间的相对工资或收入的差异占整个经济差异的比重是非常惊人的。20世纪90年代末，美国收入不平等的加剧很大程度上是由五个区（县）造成的：曼哈顿、加州硅谷的三个区（县），以及微软总部所在的华盛顿的金县。从行业来看，不平等的加剧无疑来自金融业和高新技术行业的崛起。

以工资衡量的不平等与以收入衡量的不平等的结论有多接近？在大多数情况下，答案是：惊人地接近。这一发现使我们能够构建将两种方法联系起来的计量模型。我们可以利用大量的工资数据来估计收入不平等，这对研究经济福利分配的经济学家来说意义重大。

结论

本章全面介绍了收入、支出和工资的概念，这些概念在大多数情况下是研究经济不平等的基础。这一章旨在陈述一个事实：在研究不平等问题时，人们必须始终准确地知道衡量的对象。否则，衡量结果将徒劳无益。

我们将在稍后讨论财富的不平等问题。

第五章 不平等的衡量

在这短短的一章中,我们将讨论另一个相当学术性的话题,如何衡量不平等? 我们不打算从技术的角度回答这个问题,而是用通俗易懂的语言向读者介绍一些最常用的概念和方法。

什么是分布?

简单地说,分布就是横轴为收入、支出、工资或财富,纵轴为 x 变量对应的人数。收入、支出或工资的分布从 0 开始,不存在负值。

不平等的程度与收入、财富或工资的分布形态有关。通常,分布的观测值以个人或家庭为单位。设想 x 轴为收入水平,人数或家庭数为 y 轴,分布形状一般是从一个非常小的值上升到收入的峰值(不论绝大部分人喜欢与否),然后下降到 0。通常情况下,分布会有一个非

常长的尾部,表明少数人或家庭的收入非常高。如果社会变得更加平
等,则中间部分会变高,尾部会变平。如果社会不平等程度增加,那么
中间的驼峰会变平,尾部会增大。形状的变化取决于统计测量值。

　　当用数学函数拟合收入分布时,收入呈现对数正态分布,即收入
值的对数服从钟形曲线或高斯分布或正态分布(如图5.1所示)。进一
步深入研究可知,实际收入分布呈现两种分布形式的混合。对于底层
95％左右的人来说,收入服从对数线性分布;对于最富有的人来说,收

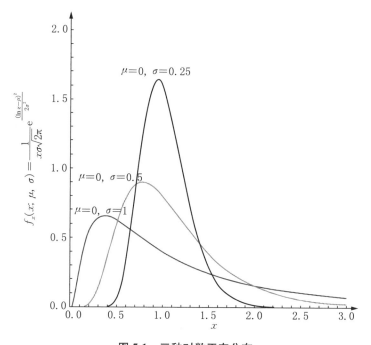

图5.1　三种对数正态分布

　　注:峰值最高的分布是最平等的,峰值居左的是最不平等的。尾部的差异非常
明显。

入更符合帕累托分布或幂律分布，即收入高于某一值的人的比例是该收入值的函数（如平方根）。

收入顶层服从幂律分布代表着分配可能非常不平等，意味着有比服从对数正态分布时更多的超级富豪（这就是众所周知的"厚尾"）。幂律分布最普遍的表现形式就是二八定律（80—20 rule），最初来自维尔弗雷多·帕累托发现的现象：20％的意大利人拥有80％的土地。此后，人们还提出了许多其他类似的定律，说明幂律分布在现实世界中相当普遍。

什么是极差？ 什么是四分位差？

极差是最简单的分布指标，指观测样本中最高收入和最低收入的差值。这一指标非常简单，但是提供的信息量并不大。最高值和最低值可能存在异常值，与大多数观测值相差甚远。所以极差并不能代表总体分布。

四分位差指去掉极值，只观察分布的中间部分，即"中间50％"的观测值的离散程度。四分位差的计算方法是将所有观测值按收入的顺序排列，然后去掉最高的和最低的25％，其余收入的极差就是四分位差。

四分位差显示了中间部分的分布情况，但信息量也是有限的。与极差一样，它也是用原始的货币单位（如美元）来衡量的，所以与其他货币或不同时期的极差没有可比性，因为美元的价值也会随时间发生变化。

什么是分位数？　什么是分位数比？

如前所述，只有不依赖于货币单位的方法才能让不平等的衡量变得有意义，从而以一致的方式进行空间、时间和国家之间的比较。

一种简单的方法是仍然把所有的观察值从低到高依次排列，然后逐点按百分比计算，得到的组称为百分位数。如果用 10% 的组来计数，就得到十分位数；如果以 20% 的人口为一组，就得到一个标准的五分位数，可以任意取分位数。

分位数比指某个特定百分位数与另一个百分位数的收入比。最常见的分位数比为 90/10，即第 90 个百分位数与第 10 个百分位数的收入之比。分位数比可以快速而粗略地衡量不平等程度随时间的变化，而不会造成出现极端情况的潜在扭曲。同样，90/50 比率可以作为中上层阶级不平等的一个指标，而 50/10 比率则表明了底层阶级的相对贫困程度。75/25 比率是四分位数之间的比值，不同于四分位差。

这些分位数比都非常实用，而且是没有计量单位的，即可以进行比较分析。但需要注意的是，它们只涉及两方面的信息：两个独立百分比的收入水平。来自底层分布的所有其他信息都被摒弃了，那是计算百分位数首要收集的信息。

什么是帕尔玛比值？

帕尔玛比值是剑桥大学经济学家加布里埃尔·帕尔玛（Gabriel Palma）最近发明的，指的是 10％ 最高收入人口的总收入与 40％ 最低收入人口的总收入之比。之所以选择这一比例是因为根据帕尔玛的研究，被这一比值排除在外的中上阶层（即从第三个五分位数到第九个十分位数）在许多国家的总收入中似乎保持了相当稳定的份额。因此，不断变化的不平等本质上是最贫穷的 40％ 的人口和最富有的 10％ 的人口之间的转移。

帕尔玛比值是一种简单而敏感的衡量指标，在本书写作之时，在一定程度上很受学界欢迎。但其是否会持续成为衡量不平等程度的标准还有待观察。此外，这个指标存在一定的局限性，为了计算该指标，首先必须从调查数据或微观样本中获得收入数据，才能获得收入分配的十分位数。这是所有基于百分位数的不平等指标的普遍局限性，也是基尼系数的局限性，我们很快就会谈到基尼系数。

什么是顶层收入份额？ 我们了解多少?

基于调查数据的收入不平等的衡量方法的一个难点是"顶层编码"。通常在进行调查时，无法要求受访者透露他们的确切收入。因此，调查人员要求受访者回答一个收入的范围，然后研究人员假设收入在这个范围内的分布情况（通常，最简单的假设是"年收入在 5 万至 6 万美元之间"则意味着年收入为 5.5 万美元）。

这就出现了一个问题，最高档的收入是不设上限的。换言之，调查时最后一个选项是"收入高于 25 万美元"，或者"收入高于 100 万美元"。这就留下了一个悬而未决的问题，到底高出多少? 尽管不难想象，在给定人口范围内，大多数年收入超过 100 万美元的人实际上收入大致就是 100 万美元，但也有可能有少数人的收入是这个数字的100 倍甚至 1 000 倍。

解决这一问题的一种方法是查阅所得税记录，它要求个人详细说明其应纳税的确切收入。纳税记录是保密的，但匿名文件允许研究人员计算小部分位于收入最顶层的人所获得的应纳税总收入的份额：最顶层的1％、最顶层的0.1％，在某些情况下甚至是最顶层的0.01％。托马斯·皮凯蒂（Thomas Piketty）、伊曼纽尔·赛斯（Emmanuel Saez）和安东尼·阿特金森（Anthony Atkinson）在最新的研究中就采用了上述方法。

然而，尽管有诸多优点，但所得税记录本身也存在问题。与调查数据相比，它无法获取非官方和未报告的收入，如非正规部门的现金收入。因此，顶层收入份额可能因此被夸大。或者，非常富有的人有很多逃税行为，他们的收入可能被低估。简单地说，比较各国的顶层收入份额是有问题的，因为各国的税法不同，因此应纳税收入的定义也不同。即使实际现金收入的基本分布是完全相同的，但各国为征税而申报的总收入所占的份额可能有很大的不同。即使在国家内部，当修订税法时，应纳税收入的定义也会发生变化，这时这种衡量方法就不存在时间上的可比性了。

此外，还有一个常见的问题，那就是只有在真正征收所得税的国家才有所得税记录。在最近的一份汇编中，皮凯蒂教授只提供了29个国家的数据，其中不包括任何的中东石油王国，据说有些当地的石油大亨是世界上最顶尖的富人。

什么是洛伦兹曲线和基尼系数？

经过上述简单的探索后，我们期望看到一个使用调查数据、没有计量单位、具有可比性、能够利用调查或普查提供的收入的所有信息的不平等衡量方法。此外，将少量收入从富人转移到穷人，也会导致该指数下降。基尼系数是一个满足这些检验条件的很好的例子。到目前为止，它是最受欢迎和广泛使用的衡量不平等的方法。

理解基尼系数最简单的方法是画出洛伦兹曲线，这是一个可以画出任何分布的简单曲线。要绘制洛伦兹曲线，首先将人口或调查中的所有成员按收入排序，并将他们分为五分位数、十分位数或百分位数（为了准确起见，越精确越好）。x 轴为分位数，y 轴为每个分位数的累计收入占总收入的份额。因此，如果底层 10% 的人口收入只占总收入的 2%，则记录一个点 $(10, 2)$，以此类推，连接这些点即可获得洛伦兹曲线。

最终的曲线都位于 45 度线以下，因为在现实生活中不可能存在绝对的平等。从 $(0, 0)$ 开始到 $(100, 100)$ 结束，因为没有人赚不到任

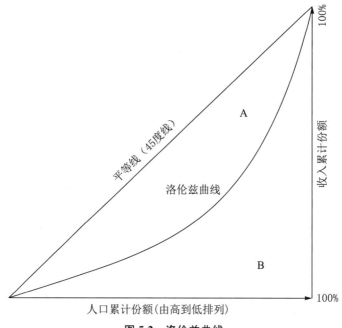

图 5.2　洛伦兹曲线

何收入,人人都有收入。在曲线的任何一点,我们都能准确获得低于这个收入水平的人的总收入。

　　基尼系数是由意大利人科拉多·基尼(Corrado Gini)发明的,它是洛伦兹曲线的简单几何表示。首先,截取洛伦兹曲线和 45 度线之间的面积。然后用这个面积除以 45 度线以下三角形的面积,得到的比值就是基尼系数。若边长为 100,则 45 度线以下三角形的面积为5 000。在图 5.2 中,基尼系数是 A 的面积与(A+B)的面积之比,用公式表示为:

$$Gini=[A/(A+B)]\times100$$

基尼系数的值从 0（绝对平等）到 100（最后一个百分位数拥有所有的

收入）不等。在过去 50 年对发达国家的收入调查中，基尼系数小的仅

有 20 多，如德意志民主共和国等无产阶级政权国家，大的有 60 多，如

撒哈拉以南非洲一些国家。主要发达国家的基尼系数往往处于 30—

45 左右，并且大多数数据都呈现上升趋势。

因此，基尼系数的大小既不取决于计量单位，也不取决于调查对

象的人口规模。你可以计算教室里的人的基尼系数，并且将得到的结

果与美国或者全世界的基尼系数进行比较。也可以使用线段连接这

些中间点的信息（而不是连续的曲线），从五分位数、十分位数或百分

位数的平均数来估计基尼系数。计算误差是非常小的。

基尼系数非常有用，容易计算，也容易理解，难怪这是最普遍的衡

量不平等的方法。但一如所有衡量指标，基尼系数也有一些局限性。

最重要的一点是，基尼系数需要调查或普查数据，从原则上讲，必须能

够将人口或家庭从高到低进行排序，并计算出分布的不同分位数。但

是调查是昂贵的，人口普查是不频繁的，即使在美国，人口普查每十年

才进行一次。在许多国家，收入调查的历史记录是分散的、无规律的、

不一致的，因此，基尼系数的统计记录也是如此。

洛伦兹—基尼方法的另一个更微妙的缺点是，它无法很容易地将

两个群体的数据合并或者分开计算。例如，假设我们有欧洲每个国家

测量的基尼系数，同时还有每个欧洲国家的平均收入和人口。能否计算出欧洲作为单一群体的不平等程度？即使能也很难保证得到的结果的准确性或可靠性。仅仅对两个国家的基尼系数求平均值是永远无法得到合并后的不平等程度的！

　　同样，在很多问题上，将一个群体划分为若干个群体是有用的。不平等问题也是这样，群体细分可以计算出群体之间的不平等以及群体内部的不平等。例如，按种族或性别来划分是一件有趣的事情：在全部不平等中，有多少来自女性内部、男性内部以及性别之间的不平等？但是基尼系数无法进行分解计算，即使我们可以利用数据计算出两种性别的基尼系数。

什么是泰尔指数？

　　还有一种需要探讨的方法是 20 世纪中期由芝加哥大学计量经济学家亨利·泰尔（Henri Theil）提出的。泰尔热衷于以现代计算机科学为基础的信息理论，以及统计热力学中衍生出来的熵的测量方法，这些方法与信号和噪声的信息问题密切相关。泰尔的见解和贡献在于熵或信息含量的度量可以很容易地转换为经济不平等的度量，并由此提出了一系列的泰尔指数。其中泰尔 T 指数是最常用的。

泰尔指数的独特优势在于可分解性和可加性。如果有两个群体（如男性和女性），在知道每个群体的人口和平均收入的情况下，即可计算出三个衡量不平等的指标：女性之间的不平等、男性之间的不平等和性别之间的不平等。如果一开始把两种性别都放在同一个群体中，那么总体人口不平等完全等于组内不平等的加权平均值与组间不平等之和。类似地，如果有一个地区内每个国家的泰尔 T 指数，以及地区的人口数和平均收入，就可以计算出该地区的不平等程度。即使从来都没有对这一地区进行过统一的调查，也可以得到该地区像一个国家整体一样的不平等情况。

它还有一个优势。通常情况下，假设根本没有任何基于调查的收入或支出的数据，只有一个特定国家或特定年份的工资表，该表按照经济部门分类报告工资和就业情况，或者按照省、县和地区报告收入和人口。那么如何计算不平等？

这类数据是分组数据。有许多不同的方法可以定义、划分和细分群体：包括地理边界、行业分类和个人特征。多年来，这类数据在许多国家公开出版并且广泛使用，往往具有相当一致的类别结构。甚至在全球层面也有国际数据库，记录了许多国家工业报酬等数据。使用泰尔指数，我们就可以使用任何可用的官方数据和分类数据计算出群体之间的不平等程度。该方法是泰尔 T 指数组间分量,在许多不同的情况下,被证明是一个非常好的工具来衡量不平等的变动。

为什么会这样? 稍作思考就能明白。假设我们有一个像中国这样的大国。众所周知,改革开放后,中国的不平等加剧了,因为城市比农村富裕得多。这也清楚地体现在了中国各省之间的不平等程度上。与此同时,某些经济部门(金融、交通运输、公共事业)的收入增长远远超过农民或工厂工人。这也体现在部门之间的差别上。将这两者结合起来,并使用省内部门作为分类标准,可以得到一个非常详细的趋势图,这些趋势主导着中国不平等的变动(如图 5.3 所示)。

只要使用不随时间改变的分类方案,就可以得到多国家不平等的

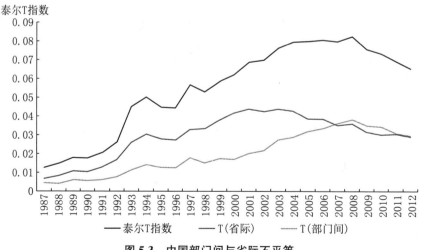

图 5.3　中国部门间与省际不平等

资料来源:由张文杰计算得到并授权使用。

泰尔 T 指数时间序列。按地理位置划分可以实现这一目标,因为边界很少发生改变,而且所有有能力的政府都倾向于征收关税和税收,以了解本地经济的现状。同样的方法也适用于不同国家使用相同分类标准的部门数据,例如联合国工业发展组织的工业统计数据或欧洲统计局的地区数据库。标准化的分类确实能够使泰尔 T 指数具有国别可比性,因为组间成分的上限是由组的数量决定的。这是一个很大的优势,甚至比以人口数据计算泰尔指数更有优势,因为相比基尼系数,泰尔指数没有取值范围的限制,而且通常会随人口规模的增加而增加。

二十余年来,笔者一直在研究泰尔指数并将其转化为全球不平等数据库,此项研究仍在继续。

第六章 美国不平等状况变化的原因

半个世纪以前,对美国经济不平等的研究处于停滞状态。事实上,1958 年约翰·肯尼斯·加尔布雷思在《富裕社会》(*The Affluent Society*)一书中指出:"不过在现代社会史上,一个最显著的特点是对作为经济问题的贫富不均现象的关注兴趣的下降。"* 多亏了罗斯福新政和累进所得税,美国社会变得比以往平等了,至少用以前的标准来看是这样的,而这种"平等"很可能会一直保持下去。20 世纪 70 年代,当笔者进入研究生院时,老师们仍然把不平等的研究描述为"像看着草慢慢长高"一样非常无聊。

今天,在现代社会史上,很少有什么事情比对不平等的兴趣的复兴更明显了。这种复兴始于 20 世纪 80 年代末,由经济学家巴里·布莱斯顿(Barry Bluestone)和班尼特·哈里森(Bennett Harrison)合著

---

* 可参见约翰·肯尼斯·加尔布雷思:《富裕社会》,江苏人民出版社 2009 年版,第 67 页。——译者注

的《大逆转》(*The Great U-Turn*)一书推动。它在20世纪90年代引发了一场关于不平等加剧根源的辩论①,并在21世纪前十年演变为对立观点支持者的持久战。今天,辩论虽然已经平息,但实际上这个问题尚未解决。争辩者们仍然在讨论着不平等加剧的意义和后果,我们将在后面的章节中讨论。

从科学的角度来看,将任何一个国家的经济问题作为孤立的焦点进行探讨都很奇怪,即便是美国这样一个大国也是如此。不平等是一个世界性的现象,如果经济学是一门科学,那么导致不平等变化的原因不应该因国而异。然而,美国的经济是内向型和自利型的,确实存在一些特殊的属性。我们别无选择,只能把美国不平等的研究作为一个不同于世界范围不平等的独立议题。所以,为了方便起见,如果没有特殊情况,我们将两者分开讨论。

对美国日益增长的不平等的争论起源于1993年约翰·邦德(John Bound)和乔治·约翰逊(George Johnson)在《美国经济评论》上发表的文章,以及1994年英国经济学家阿德里安·伍德(Adrian Wood)出版的专著。这些研究基于传统的经济和贸易理论提出理论假设,并进行了有限的实证分析。当时,只有少量的微观调查数据,研

---

① 对20世纪90年代辩论的全面指导,参见詹姆斯·K.加尔布雷思的《创造不平等》(*Created Unequal*)。

究基于两年或相隔更远的年份的数据。结果表明，随着时间的推移，受教育年限越长的人相对收入越高。这引发了早期对技术和"回归技能"问题的关注。

技术如何影响不平等？

在古典的劳动力市场的供求模型中，雇主雇佣工人的数量取决于新增工人所需支付的成本，即工资，刚好等于雇佣工人带来的好处。假设有两种类型的工人，"熟练工人"和"非熟练工人"。该理论就演化为，每一种类型的员工都会被雇佣，直到福利（或边际产量）刚好抵消工资为止。边际产量不同，则工资也会不同。

假设存在某种技术变革，暂且不论具体是什么，它提高了熟练工人的边际生产率。因此，该理论预测熟练工人的均衡工资会上升，而非熟练工人的均衡工资不变。不平等由此增加。这就是所谓的"技能偏向型技术进步"。

简单来说，邦德和约翰逊认为技术已经发生了变革。当时和后来的大多数经济学家都假定或推断，他们所指的技术变革是计算机的兴起。然而，没有直接的证据表明这一点，后来的一些论文也反驳了这一点。例如,一项细致的研究发现,使用电脑确实与高工资有关,但使用铅笔或坐在椅子上也是如此。可能是因为影响工资的主要因素是易于观察的外在状态而非难以衡量的生产力,这也是大企业内部津贴和福利品发放的主要影响因素。

其实这不难理解,为什么使用新技术推动工资上涨的观点会走向死胡同。首先,考虑一下计算机和其他新技术实际上是如何被使用的。它们首先是大众产品,主要供个人消费。但在生产方面,它们被用来取代非熟练工人,也允许熟练工人代替非熟练工人,例如电话总机和收银台的工作。在这两种情况下,机器的使用使得不再需要技能或者不再奖励技能。如果它们加剧了不平等,那就是通过压低某些技术工人之外的人的工资。而技术工人的工作(目前)还无法"电脑化",这些工作可能不需要大脑,相反,他们可能依赖灵巧的手指,或者简单的人类接触(如护理工作)。

但即使对那些认为技能偏好假说很有吸引力的人来说,仍然有其他可供探索的选择以及反驳的可能性。特别需要指出的是,技能的供求是成正比的。熟练工人和非熟练工人之间日益扩大的差距不能归因于某些其他原因,例如技能较低的工人的供给不断增加。

当然,教育的职责是提高技能水平。

教育如何影响不平等？

市场经济是一场供求博弈，更多的商品供给意味着更低的成交价格。如果技能是一种由教育提供的商品，那么对有技能的人来说，稀缺的教育对他们来说是一件好事；如果技能是普遍的，则是一件坏事。据此推理，投资教育对个人来说是明智的，因为它能提高个人技能，从而获得更好的工作。但如果太多人追逐教育，这种投资将失去价值，因为市场上充斥着许多能够胜任最好的、技术最复杂的工作的求职者。

因此，技能偏好型技术进步加剧不平等的观点认为新技术的发展速度超过了学校提供必要技能的能力。然而，既没有独立的衡量"技术发展速度"的标准，也没有衡量"新技能供给"的标准。因此，这只是个推论，基于一个简单的事实，即受教育年限越多的人工资溢价越高。如果这种推论是正确的，不平等的加剧意味着在这场技术与教育的竞赛中，技术正在取得胜利。不平等程度的下降则意味着教育正在迎头赶上。

随着时间的推移，技能偏好型技术进步理论如何立足？答案是很难。它起源于 20 世纪 80 年代，当时美国的不平等现象加剧，尤其是在 21 世纪最初的十年内。但那是在大规模引进微型计算机之前，按理说计算机才是推动力。20 世纪 90 年代末，当新技术出现爆炸式增长时，人们发现尽管收入不平等确实加剧了，但工资不平等却在下降，即这一理论适用于工资，而不适用于收入。在 21 世纪的前 20 年里，尽管一些经济学家仍然坚持技能偏好型技术进步的观点，但他们这么做的主要原因是他们学会了顺从主流理论，而不是有了新的证据。

最后，增加某些类别技能的供应会降低他们的工资优势（尽管这似乎合乎逻辑），并没有反映出发达经济体的工资结构到底是如何运作的。如果确实如此，那么在信息技术浪潮期间和以后，攻读计算机科学学位的大量大学生应该会压低前沿高科技行业企业员工的薪酬。然而事实并非如此。

与计算机科学毕业生的数量相比，在高端领域找到工作的人非常少，而且他们的工资总体来说仍然非常高。为什么会这样？因为在不断变化的市场空间中，这些公司在"赢者通吃"的体系中相互竞争，以获得销售份额和利润。要做到这一点，他们必须为最优秀的人支付最高的薪酬，他们也没有兴趣裁减技术人员，因为这样做会导致员工丧失士气或高层员工的离职。相反，高端领域的就业竞争是十分激烈的，那些无法获得这些职位的人很多必须找一份兼职才能支撑他们的生活，例如开出租车（或兼职 Uber），这是找不到对口专业工作的、并且受过良好教育的人的实用的出路。①

贸易如何影响不平等？

在 20 世纪 90 年代的一段时间里，除技能偏好型技术进步假说之外，比较有竞争力的观点认为贸易，尤其是南北贸易或富国与穷国之间的贸易，是工资和收入不平等加剧产生的原因。

技术应该影响劳动力市场等式的需求侧，而贸易应该是在供给侧起作用。他们认为，通过向发展中国家开放制造业产品贸易，美国企业面临的来自其他国家企业的竞争明显加剧，它们只需雇佣少量技术工人，并且向非技术工人支付低得多的工资。这就增加了美国国内市场非熟练工人的有效供应，给本国企业带来了竞争压力，而本国工人只能被迫压低他们的工资。

毫无疑问，自 20 世纪 70 年代以来，美国的制造业工人，尤其是那些工会组织严密的北部和中西部各州的工人，面临着巨大的竞争压

① 然而，有可靠消息，在美国，只有少部分博士会开出租车，并且，在三个发展中国家的研究中发现了类似的结果。随着大学教育的上升，那些只受过中等教育的人被迫降低了职业和工资标准。参见 Mehta 等人（2013）。

力。随着贸易的扩大,全球化程度不断提高,北美自由贸易协定
(NAFTA)等自由贸易协定不断出台,美国企业的竞争压力首先来自
德国和日本,然后是韩国,墨西哥,之后是中国及其他国家。在一定程
度上来说,压力也来自美国南部的非工会的竞争,如田纳西州、亚拉巴
马州和南卡罗来纳州等新建成的内外合资企业。

但制造业就业仅占美国就业的小部分(当时可能为 15％,现在约
为 8％)。在这个行业内,工资的让步并不是应对竞争压力的主要手
段。相反,工厂搬迁了、工人失业了,如果可能的话,他们会在工资较
低的其他地方找到工作,但最终这些工人都将从劳动大军中淘汰。因
此,调查表明较低的工资是工作构成变化的结果,而不是特定工作工
资调整的结果。这一区别很容易被调查人员和经济学家忽略,但对于
正在经历转型的人来说,这一点相当明显。与此同时,随着服务业的
扩张,劳动力的人口结构也发生了变化:女性增多,少数族裔增多,年
轻工人增多,移民增多。这些工人的技术水平和收入都不如被他们替
换的工人,但另一方面,他们的个人生活比找到工作之前要好。

艾德里安·伍德(Adrian Wood)1994 年的著作仔细计算了贸易
对整体工资结构的影响,研究表明,制造业工人失业带来的直接影响
只能解释熟练工人和非熟练工人之间不断扩大的差距中的一小部分。
他估计,还有另外两个因素可能放大了这种影响:来自外国的竞争和

来自服务业不可估量的竞争使得美国生产者选择节省劳动力。至少在那个时候，对这些因素的合理估计扩大了贸易对日益加剧的工资不平等的影响。然而，这些影响仅仅是推测，大多数经济学家对此持怀疑态度。伍德的论点还认为美国日益加剧的不平等会被发展中国家贸易伙伴不平等程度的下降所抵消。后面对国际数据的分析表明，事实并非如此。

总而言之，20 世纪 90 年代和 21 世纪初，全球贸易网络的扩张和所谓的"自由贸易协定"引发了激烈的反抗，其中部分来自南北贸易对工资影响的争论。然而，回顾过去，贸易的扩大对美国工资的影响是有限的，因为制造业规模较小，而且老公司和工厂的产能有限，只能通过削减工资来抵御外部竞争。

另一种观点认为，1992 年苏联解体导致的"铁幕"的解除为西方，尤其是为美国企业打开了一个廉价而且高技能的劳动力市场。毫无疑问，在一段时间内，苏联的科学家、数学家和技术人员涌向全球市场，雇佣他们的成本远低于各国国内培养的同类人才。但如果这会对西方国家内部工资不平等产生深远影响，那一定是通过降低非常高端人才的工资水平来降低不平等。但没有证据表明存在这种影响。相反，许多最优秀的数学家都转移到了金融领域，苏联解体也恰好赶上了量化金融黄金时代的开端，该领域收入逐渐增加，这一切都成为最终灾难的前奏。

至于制造业，事实似乎是，新地方的新技术最终会胜出，而较低的工资只是这场竞争的一小部分。在过去几十年中，亚洲新兴大国在这场竞争中占据了强大的主导地位。在某种程度上，美国贸易扩大加剧的工资不平等，主要是因为国外新的生产设施代替了本国的旧产能。因此，美国经济结构发生了转型，拿走了以前强大的中间部分，留下少量高端产能（部分是移民人才）和大量低端产能（部分也是由移民构成的）。而这并不是标准模型中设定的"工资调整"机制。

移民对不平等有什么影响？

移民常常因导致非技能工资下降而饱受指责，这是一个简单的供求问题，即愿意为低工资工作的非本地劳动力的供应增加，压低了劳动力市场中移民能够提供合格劳动力的部门的均衡工资。这些行业包括农业、建筑、酒店和餐饮服务业、清洁和家政服务业以及低端的制造业，尤其是食品加工业。在过去，这一论点足以促使工会采取强烈的反移民立场，以保护他们本土工人的工资。

然而，这里有一个似乎合理的抗辩：首先，无组织的工人对他们的工资几乎没有掌控力；其次，美国有联邦最低工资制，在很多情况下，某些州和城市的最低工资比联邦规定的还稍高一些（例如，虽然联邦最低工资标准一直停留在每小时 7.25 美元，但加州在 2014 年制定了全州最低工资标准，为每小时 10 美元，洛杉矶市已经投票决定逐步将其提高到每小时 15 美元）。

另一种观点认为，低工资，特别是最低工资，会让雇主在雇佣移民工人时有利可图。原因很简单：当最低工资非常低时，很难雇佣到能胜任该工作的本国工人，除了那些环境适合年轻人的工作，如咖啡馆和快餐店。因此，雇主会寻找那些非法移民和外来务工者，他们愿意工作而且不会造成什么麻烦，因为他们总是担心被拘留和驱逐出境。相反，更高的最低工资会令糟糕的工作对本国公民更具吸引力，从而减少（尤其是非法）移民的就业。

是移民导致低工资还是低工资导致移民？虽然很难用粗糙的证据来区分这两种模式，但可以进行一些尝试。几年前，在《纽约书评》（*New York Review of Books*）的信件版上，笔者与克里斯托弗·詹克斯（Christopher Jencks）教授进行了交流。笔者注意到在马萨诸塞州剑桥市有两所主要的大学：哈佛大学和麻省理工学院，这两所学校相距 20 分钟的步行路程。如果劳动力市场像主流经济学理论所说的那样运转，那么这两个地方清洁工的起薪就应该相同。然而事实并非如

此：尽管哈佛大学比麻省理工学院富裕得多，但麻省理工学院清洁工
人的起薪比哈佛大学高出约 6 美元每小时。另一种理论预测，哈佛大
学会雇佣更弱势、更容易管理的移民劳动力，尽管只要麻省理工学院
愿意这么做的话，它显然可以雇佣到与哈佛大学一样的廉价劳动力。
我无法证实这一预测，除非通过这两所大学的同事进行随机观测。

政府如何影响不平等？

影响工资结构和可支配收入不平等背后的主要力量，首先是创造
和维持这些结构的政府和社会机构。其中最重要的包括政府、工会和
以营利为目的的私营部门。

政府主要从两个方面影响工资不平等。第一，政府维持着最低工
资，这在美国几乎没有实际效果，因为它是如此之低，只有少数的工人
受影响。然而，在其他最低工资标准较高的国家，以及在过去的美国，
最低工资标准使工资较低的群体，特别是少数族裔和妇女以及该国生
活成本较低的地区的工资得到了最低保障。因此，它是一种对抗绝对
不平等和区域不平等的力量。

政府影响工资不平等的第二种方式是制定公共部门的工资标准。

部分原因是政府雇员的工资水平往往会给私营部门类似工作的工资水平带来上行压力。联邦法律规定，由政府提供资金的建设项目必须支付该地区的"现行工资"，这通常被称为工会工资。由此，政府对私营部门工资结构的很大一部分具有重要影响。

政府还决定了总收入和净收入或可支配收入之间的差值。有两种方法可以实现，制定明确限制相对富裕人群收入的累进税制度；以及制定转移支付和社会保障制度，提高那些私人资本不足的人的收入。在所有的发达国家，包括美国，这些制度大大降低了总收入的不平等。

自1980年前后，美国的税法发生了重大变化。这些变化如何影响不平等？答案可能令人惊讶。诸多研究表明，美国的总收入不平等的基尼系数从1980年到1994年前后增加了大约6个百分点。但净收入不平等的增长幅度略小，增长了约4—5个百分点。因此，总的来说，这一时期的税收制度似乎起了作用，缓和了这几年由于其他因素造成的总收入不平等的加剧。1994年后，美国的工资收入不平等（包括总收入和净收入）似乎都相当稳定，税收记录中不断上升的不平等似乎很大程度上源于资本收入。

当然，这一时期税法发生了重大变化，在很大程度上有利于富人。那么发生了什么呢？首先，对高收入者削减税率似乎抵消了所得税"税级攀升"的影响，如果不采取任何措施，这一体系会变得更加累进。

这些有利于富人的减税措施，在一定程度上只是维持了再分配的现状，而税前不平等正在加剧。其次，有一些变化也在同步发生，最明显的是扩大了收入所得税抵免额，显著提高了收入最低的工人的收入，减轻了原先由福利体系承担的部分负担，并通过税收体系取而代之。这将有助于解释与税前相比，税后不平等的增长略有放缓的现象，甚至可能有助于解释最近的一些研究中注意到的美国税后及转移支付后的不平等下降的现象。

工会如何影响不平等？

20 世纪三四十年代，随着《国家劳动关系法》(National Labor Relations Act)和《公平劳动标准法》(Fair Labor Standards Act)的颁布，以及第二次世界大战期间的工业动员，工会成员迅速增加。到二战结束时，美国已经是全球最大的工业强国，工会成员约占就业劳动力的30％。当时，汽车、钢铁、橡胶和化工业等行业的集体谈判帮助确立了整个经济领域的工资增长标准。到 20 世纪 60 年代，国家政策规定工人每年的工资增长应与生产率增长的速度一致。工会的权力及其在国家工资政策制定中所起的作用有助于确保整个 60 年代工资和工资结构的不平等水平持续稳定，甚至下降。

但不可避免的是，美国在全球制造业的主导地位只是一种短期现象，随着欧洲和日本从战争中复苏，这种现象注定会减弱，然后随着其他地方的工业发展站稳脚跟，这种现象会进一步削弱。美国的战略政策促进了经济复苏，特别是德国和日本这些冷战时期的前线国家的复兴。其中，允许日本产品进入美国消费市场是国家安全框架的一部分。后来，同样的逻辑也适用于韩国。

除了贸易和战略考虑，工会的力量从未扩展到美国南部，无论如何，生产力的提高逐渐降低了制造业对劳动力的需求，因此，新增就业越来越集中于分散的服务业和建筑业。此外，某些工会还爆出管理丑闻，尤其是煤矿中心从西弗吉尼亚州和肯塔基州东部搬到怀俄明州之前的煤矿业工会，以及 1979 年国会解除对卡车运输业的管制之前的卡车运输业工会。工会的覆盖范围和权力都在下降，在 20 世纪 80 年代初，工会受到了当时工业衰退的沉重打击，再加上罗纳德·里根（Ronald Reagan）政府对工人权利和地位发起了有力的攻击。到 2008 年经济大衰退时，制造业的就业人数已降至劳动人口的 8％左右，而工会的覆盖率仅为劳动人口的 6％。在少数几个行业，私营部门工会对工资的影响仍然很重要，但工会运动在全国范围内的抗衡力量及其对美国工资总分配的影响力已经严重弱化。

美国工会在过去一个时代的衰落之余有一个显著的例外,那就是公共部门工会的快速增长。公共部门工会的历史可以追溯到 19 世纪 90 年代的邮政职员工会,但直到 20 世纪 60 年代,在肯尼迪政府的支持下,才开始壮大起来。到 2009 年,公共部门的工会成员比私营部门的要多,但是公共部门的工会尤其是教师工会,正在受到严厉的冲击。这种情况在工业州尤其显著,比如威斯康星和印第安纳等州的工业衰退已经削弱了工业工会,加强了保守的政治力量的相对位置。而在像纽约和芝加哥等城市,民主党的政治领袖和公共部门工会也是疏离的。但是在另一方面,在加利福尼亚州,公共部门工会依然强大。

在克林顿和奥巴马政府执政期间,工会曾试图降低其组建的门槛,扩大服务业工会的影响力,提高最低工资,支持移民工人的斗争。目前,美国全国范围内的工会都在努力将最低工资标准提高到每小时 15 美元,包括西雅图和洛杉矶在内的主要城市都颁布了这类立法。然而,工人组织仍然极难形成政治气候。

家庭结构的变化如何影响不平等?

第二次世界大战后,国家政策鼓励妇女放弃劳动,与退伍军人一起搬到郊区组建家庭。与此同时，社会保障（以及后来的医疗保险和医疗补助）使老人保持了独立生活的能力。标志性的美国中产阶级家庭也是从这个时期开始才成为一种普遍的现象，即原子时代的核心家庭。在那之前，尤其是在美国农村，大家庭是一种常态，几代人必须共享同一空间，互相依赖。

但事实证明，核心家庭并不是一种永恒或稳定的形式。在20世纪七八十年代，在工业衰退的沉重打击下，相当一部分收入较高的工人阶级收入减少，而这些受影响的工人阶级几乎全部是男性户主（中西部的非裔美国工人尤其如此，那里的汽车工业直到最近才让相当一部分人在中产阶级中站稳了脚跟）。结果导致家庭结构发生了重大改组，这种改组一直持续到80年代，尽管整个经济早已从过去十年的衰退中复苏了。

这一改组的结果是创造了更多的家庭，它们以一个低收入的单亲母亲为主，严重依赖非正式工资、粮食援助和福利津贴。它还鼓励"选择性婚配"，因为有两个或两个以上成员就业的家庭具有巨大的收入优势，这些家庭可以将收入集中起来使用。前一种家庭在整体收入分配中垫底，而后一种家庭则上升到顶层，这两种现象都加剧了家庭收入的总体不平等。因此，尽管1983年后工资不平等趋于稳定，但这种改组的连锁反应至少在接下来的十年里持续加剧了家庭收入的不平等。随后,在 20 世纪 80 年代末,另一场衰退加剧了工薪家庭的压力。

公司结构、股市和资本性资产泡沫如何影响不平等?

另一种制度变革对美国的总收入不平等产生了深远的影响,而且在很大程度上是美国特有的。这就是自 20 世纪 80 年代初以来公司结构和企业融资主要模式的变革,以及股市和其他资本性资产价格的上涨。

在二战后早期,占主导地位的美国工业公司,如通用汽车、通用电气、美国电话电报公司及国际商业机器公司,都是综合的"庞然大物",它们不仅包括生产,还包括基础研究、产品设计和营销各个环节。因此,收入是通过行政决定在公司内部分配的,由高管的官僚规则和特权支配,受高累进所得税制度的激励措施的巨大影响。高级科学家、工程师以及高级管理人员的工资由公司规定。税收制度也有力地刺激了公司留存利润,而不是以股息的形式发放出去,无论是投资在工厂里,还是投资在曼哈顿、旧金山和芝加哥崛起的富丽堂皇的高楼上都可以获得再投资收益。

所有这一切都随着 20 世纪七八十年代的税收改革发生了变化。

改革运动推动了最高边际税率的下降，减少了税收的特别豁免，建立了一种"股东价值"的企业薪酬模式。这种变化的一个特别之处在于，它为公司自身的重组创造了强大的动力。

特别是随着数字革命的兴起，大公司的高级技术人员意识到他们还不如自己创业，建立属于自己的独立的科技公司，然后向过去付给他们薪酬的公司出售产品。通过这种方式，技术人员成为所有者，利用风险融资的优势，在实际上颠覆了美国公司估值的固有结构。仙童半导体公司（Fairchild Semiconductor）通常被认为是这一模式的先驱，而类似的"仙童们"也紧随其后，其中最著名的是目前占主导地位的微处理器制造公司英特尔。微软、苹果、甲骨文及现在的谷歌，还有许多其他的公司，都走了一条类似的道路，尽管它们发家的具体细节有所不同，而且发展轨迹还在不断演变。

正如税收记录所示，这种结构转变对美国家庭收入分配的影响是惊人的。20世纪90年代，出现了集中在少数几个地方，收入极高的、不为人所知的富豪区。其中之一就是曼哈顿、华尔街所在地和金融业的源头。第二是硅谷，它是北加州的一个县群。第三是西雅图、华盛顿及其附近的郊区。自此之后，收入增长延伸到全美其他10个左右的县，但在其他地方收入则急剧下降。

如果在1993—2000年县际收入不平等的计算中剔掉5个县，那么,根据税收记录计算的个人收入不平等的增长幅度会下降一半(2000 年纳斯达克指数涨至峰值)。这 5 个县分别是纽约州的纽约和加利福尼亚州的圣克拉拉、圣马特奥、旧金山以及华盛顿州的金县。如果剔除 15 个县,那么以上述衡量指标计算的 20 世纪 90 年代个人收入不平等的增长几乎完全消失了。

图 6.1 显示了美国 1% 最富有人群与 90% 的最贫穷人群的平均收入。很明显,波峰、波谷及再次冲顶的峰值与股票市场和房地产兴衰的走势是一致的。美国的个人收入不平等在 2000 年达到顶峰,随后随着信息技术泡沫的破灭而下降。在 2008 年金融危机爆发前的抵押贷款融资丑闻中,这一收入不平等情况再次上升达到新高。但是,除

图 6.1　1947—2012 年美国人均收入最高的 1% 和最低的 90%

资料来源:经奥利维尔·乔瓦诺尼(Olivier Giovannoni)许可使用。

了一直高居榜首的华尔街金融家之外，快速增长的收入出现的地理位置（换言之受益者）是不同的。在第二次大泡沫中，许多分散地区的收入迅速增长，包括有大量烂尾楼的佛罗里达州和南加利福尼亚州。然后这一增长就随泡沫消失了。第三个高峰似乎已经出现，或许是在2013 年，当时股市在大危机之后开始复苏。

毫无疑问，一项地理分析显示，最新的收入巨头大多位于页岩区（石油储备区），例如得克萨斯州的繁荣、北达科他州夜间仍在燃烧的天然气亮光，以及俄克拉荷马城闪亮的新办公楼都说明了这一点。当然，如果现在油价保持在低位，那将会是另外一个故事了。

美国是一个庞大、富裕和复杂的国家，经济结构在不断调整。要想很好地了解一件事的进程，以及在这样一个国家中衡量收入不平等的方法的演变过程，就有必要对政治和经济事件进行细致的研究，这或许并不出人意料。因此，由经济学家想象出来的简单故事不太站得住脚也就不足为奇了。研究美国有一个很大的优势，那就是在某种程度上，大量的数据可以帮助我们得出一个更接近合理的结论。

就全球经济而言，情况更加复杂，且现有数据的质量不断下降。我们将在下一章讨论这个更大的话题，为我们所观察到的复杂模式寻找更可信、更简单的解释。幸运的是，我们可以通过获得多个国家具有可比性的资料解决这一问题，而单独研究任何一个国家是无法做到这一点的。

第七章　全球不平等变化的原因

当开始分析更广泛的全球不平等时,我们需要处理更复杂和不确定的数据,同时寻求更简单和更抽象的理论。对于现存的约 220 个国家,如果我们讲每个国家自己的故事,就像描述美国不平等的加剧那样,我们将永远不会取得任何进展。但是,要想提出一个在许多国家具有普遍适用性的理论,我们需要对不同国家之间,以及不同时期的不平等进行合理、全面和可靠的衡量,这是一个重大挑战。

我们对全球不平等了解多少?

暂且不考虑为世界人口构建一个单一的不平等衡量标准(见第 4 章),一些重要的数据库收集了各个国家不同年份的基尼系数,但几乎全部都是 1950 年以来的数据,而且大多数为近些年的数据。

早期的研究来自世界银行的克劳斯·戴宁格（Klaus Deininger）和林恩·斯奎尔（Lyn Squire），他们于1995年发布了一份包含700多个"高质量"基尼系数的简表，还包括许多他们认为并不可靠的系数。这些系数有许多来源，有些来自官方，但许多是基于非政府研究机构所做的调查。这些调查覆盖范围很窄，而且主要集中在发达国家。即使将700个基尼系数不均匀地分布在220个国家，也会有许多国家缺乏相应的信息。由于概念上的差异，使得收集的数据有时用总额、有时用扣除税款后的净额，有时以家庭为单位、有时以个人为单位。有时用收入、有时用支出。因此，对于使用戴宁格—斯奎尔（Deininger-Squire，DS）数据库的研究人员来说，很难根据数据实际显示的内容得出一致而可信的结论。

DS数据库已被纳入赫尔辛基联合国大学世界发展经济研究所（World Institute for Development Economics Research，WIDER）的工作范围，数据库的规模得到了很大的提升。覆盖率低的问题已经减少，但仍然存在概念不同和衡量标准不确定及缺乏可比性等问题。DS和WIDER所做的工作更接近于补充研究所需的以往数据，而不是润色现有数据库的可比性。这是世界各地数百个不同研究团队多年来所做工作的概况。当基本的衡量标准和计算结果不同时，必须谨慎对待结果数据，这并不是对DS和WIDER工作的一种批评。

此后，世界银行持续跟进，现在将"基尼系数"作为世行每年发布的世界发展指标（World Development Indicators，WDI）的一部分。这些系数的实际来源和概念并没有像它们应有的那样明确地加以区分，例如不具可比性的支出和收入指标被并列列出，而且数据覆盖面非常小，所以 WDI 并非一个严肃的可用于比较研究的数据库。

卢森堡收入研究（Luxembourg Income Study，LIS）则采用了另外一种方法，即对可用于各种微观研究的原始微观数据库进行细致的比较。LIS 得出的家庭收入不平等（包括市场收入、总收入和净收入）的综合衡量方法被认为是比较研究中最值得信赖的方法之一。但以世界标准衡量，其覆盖范围（尽管仍在增长）仍然很小，主要集中在近年来较为富裕的国家。

巴黎经济学院（Paris School of Economics）的托马斯·皮凯蒂及其同事伊曼纽尔·赛斯、安东尼·阿特金森和加布里埃尔·祖克曼（Gabriel Zucman）试图从几个特定国家的税收数据中，建立衡量最高收入份额的指标。这些指标并不是衡量不平等的指标，因为它们只反映了收入分配的一个点（前 10％、1％、0.1％或 0.01％的应税所得占总收入的比例）。但它们是对不平等衡量标准的有益补充，因为顶层收入份额的变动在一定程度上反映了收入不平等的总体变动。

对于一些世界上最富有的国家来说，包括美国、英国、法国和德国，顶层收入份额数据库的优势在于数据时间跨度长。缺点包括：数据库中只有 29 个国家且只限于有所得税记录的国家，各国之间的可比性受到收入定义和税收执行效率差异的限制。跨时间的可比性也需要谨慎对待，因为各国都在不断修改其应纳税收入的法律定义。

与之不同的是，爱荷华大学(University of Iowa)的弗雷德里克·索尔特(Frederick Solt)编制了一个非常庞大的标准化全球收入不平等数据库(Standardized World Income Inequality Data set，SWIID)。在最近的一次更新中，他对 174 个国家的市场和净收入不平等给出了约 7 000 个估计。SWIID 被广泛接受和应用，例如，国际货币基金组织(IMF)最近的研究就使用了这个数据库。但一些学者仍然持怀疑态度，因为 SWIID 采用了许多不同的数据来源，而且并不是所有数据都基于实际测量。相反，许多报告的观测结果是估算的，即根据邻近地点和邻近时间的观察结果填补缺失值。这使得 SWIID 的统计工作存在问题，因为与数据库相比，它的独立观测值较少。SWIID 的研究结论似乎与它所依据的实际调查结果大体一致，但在实际观测值稀少的国家和年份(通常是在一系列调查的早期或后期)，它确实得出一些奇怪的结论。

我自己在这方面参与的工作是得克萨斯大学不平等项目下的家庭收入不平等估计数据库(Estimated Household Income Inequality，

EHII)。EHII 是家庭总收入不平等的基尼系数的合集。首先,依据联合国工业发展组织(United Nations Industrial Development Organization,UNIDO)对世界各国工资记录和就业情况的汇编计算得到工业部门工资不平等的指标,指标使用的是泰尔 T 指数的组间部分。然后,利用计算得到的泰尔 T 指数与 DS 测算的基尼系数之间的计量关系,将这些数据转换为基尼系数,可以得到约 430 个重叠样本。得到的结果都基于统一的概念,最新修订版本估算了 149 个国家大约 3 872 个样本的具有可比性的数据。EHII 的估算很好地跟踪了许多国家家庭总收入不平等的实际情况,比直接从调查中收集到的观测数据多得多。在下面的章节中,我们将对这些数据进行比较。

不平等与经济发展有什么关系?

经济发展理论在第二次世界大战后的几年中开始兴起,部分原因是为了应对冷战时期后殖民国家资本主义面临的意识形态的挑战:苏联率先实现了快速工业化,以及一个由工人阶级领导而不是由外国公司或当地旧势力的傀儡所管理的平等社会。共产党人还反对以种族或性别划分社会阶层,把有色人种和妇女从长期的压迫中解放出来。

对于许多观察家来说，资本主义社会无法轻易地证明自己是一个有吸引力的选择，因为在这个世界上，用蛮力强制选择某种经济制度已不再是什么好办法了。

在此情形下，经济学家西蒙·库兹涅茨构建了一个基于产业及结构转变的简单模型。假设一开始（就像美国内战前的北部各州一样）是一个以家庭农场和小型自有土地为基础的农业社会。然后开始工业化。工业产生并依赖于城市，城市围绕着新的工厂和磨坊成长起来。工厂的工资必须超过一个人在农场所能挣到的，否则工人们不会接受这种工作。所以城市比农村富裕。因此，不平等程度本来很低，但是随着城市化和工业化的发展，不平等必然增加。

但是，库兹涅茨接着提出，最终会出现一个转折点。在某一时刻，随着农业的机械化，农村人口将减少到只占总人口很小的一部分。那么，真正重要的不平等将不再是城乡之间的不平等，而是城市内部的不平等。城市内部不平等虽然最初很高，但是当工人阶级组织起来，投票，为自己创造一个工会化的集体谈判的世界时，当政治领域的社会民主和福利国家逐渐完善时，城市内不平等会随之减少。随着收入的增加，不平等将会减少，工业资本主义的最终命运是一个具有可容忍的平均主义特质的社会。

库兹涅茨的观点基于一个核心的论点：经济发展过程的不平等的

主要影响因素不是具体的公共政策,而是经济发展中不同部门之间的结构性关系。不平等演变的某些进程是不可避免的。这里有两股同时发挥作用的力量:即高收入和低收入部门的人口和产值的相对比重,以及部门之间的相对工资差异。如果历史真的像库兹涅茨所描述的那样发展,那么不平等的轨迹将呈现倒 U 曲线,随着平均收入的增长,不平等程度先上升后下降。

如果初始条件或最终条件与库兹涅茨假定的不同,则需要对这一曲线进行修正。例如,假设最初的农业不是平均主义的自耕农,而是由奴隶劳工耕种的大型种植园。在这种情况下,即使种植园继续存在,工业化仍可能会减少不平等,因为工业带来了以前不存在的中产阶级。在这种情况下,库兹涅茨曲线可能完全是向下倾斜的,在增长和发展的过程中,平等主义社会稳步出现,消弭了之前社会结构中最令人反感的特征。

又或者,假设出现了全球化趋势,一些国家在使用先进技术、资本设备和发展通信业、保险业和金融业等服务业方面处于领先地位。在这种情况下,收入进一步增长的发达国家的不平等可能会加剧,这些收入首先会流向少数高收入部门的高薪人员。库兹涅茨曲线在国家工业化初期阶段有所下降,随着新的国际形势的发展,这一曲线中最富裕国家的部分已经上升了。在 2000 年的一篇论文中,佩德罗·康

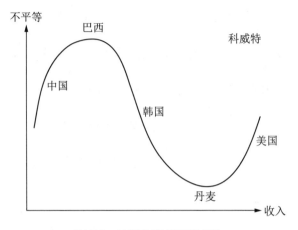

图 7.1　扩展的库兹涅茨曲线

西卡奥（Pedro Conçeicāo）和笔者将这种可能性称为扩展的库兹涅茨曲线（如图 7.1 所示）。这似乎很符合美国、英国和日本的现实。

是否还有其他证据证实库兹涅茨曲线？许多经济学家使用 DS 或WIDER 数据研究表明，事实与库兹涅茨曲线的契合度很差。得克萨斯大学不平等项目（UTIP）小组使用了 UTIP-UNIDO 数据库及其衡量工资不平等的方法，他们的观点更加积极。库兹涅茨本人强调，他的理论与工资有关，而与收入无关，因此关注这类数据是合理的。UTIP-UNIDO 数据研究表明，大多数国家都处于的库兹涅茨曲线的下降阶段，但由于一贯以来的原因，中国始终处于上升阶段，包括美国在内的少数发达国家由于前文所述的原因再次回到上升阶段。因此，仍然不能低估库兹涅茨曲线的意义。

政治制度、暴力、革命和战争如何影响不平等？

如果存在影响经济不平等上升或下降的全球力量，那是否意味着当地条件和制度不重要？当然不是。我们做一个恰当的类比：一个被大规模风暴破坏的沿海地区的损失程度将部分取决于风暴的强度，但也取决于地势，以及当风暴来袭时各地防洪坝、堤坝和海口闸门的强度。同样，当全球经济被风暴席卷时，对个别国家的影响将部分取决于它们的制度和政策——取决于它们是接受还是反抗。

有了诸如 EHII 或 UTIP-UNIDO 等优良的可比较的数据库，我们就可以评估特定政治制度及战争或革命等个别事件对不平等的影响了。然而，要想很好地回答这些问题，还需要一个关于政治制度、战争和革命的良好数据来源。这些数据库在很大程度上属于政治科学领域，政治科学研究人员开发这些数据库往往是为了其他目的。就政治系统的主要数据库（政体数据库，POLITY data sets）而言，是存在问题的，政体既有"专制"又有"民主"，但很明显，就不平等而言，这两种政体截然不同。

许（Hsu，2008）开发了一个按国家和年份划分政体类型的分类数据库来解决这个问题，他使用大量的描述语来捕捉不同国家在不同时期的意识形态和制度特征，用于研究各国的政治制度及不同时期的国家之间是否存在显著差异。

事实证明，不同政治制度国家的不平等程度存在显著差异，这并不令人意外。曾经的社会主义国家彼时的不平等程度很低，就像现在古巴的情况一样。至少在 21 世纪头十年，北欧的社会民主主义政府保持了较低的不平等，尽管近年来在某些情况的影响下，价值观可能发生了变化。另一方面，军事政权和一党专政的非共产主义国家的不平等程度往往较高。当军事政权和独裁结束时，不平等状况普遍比以前高得多，而民主的恢复不会立即或自动带来不平等的减少。正如南非、巴西、智利和其他国家的民选政府一样，一个新建立的民主政府需要很长时间（如果有的话）才能开始减少前政权下产生的不平等。

政治制度也可以用来评估特定国家的历史事件对不平等的影响。例如，当冷战结束、苏联解体时，东欧和原苏联国家的不平等现象显著加剧。革命在现代数据中是罕见的事件，但我们注意到革命后伊朗的不平等急剧下降。一般来说，在右翼政变之前不平等现象似乎有所减少，而在政变之后不平等则有所增加，这正是智利在 1973 年前后的历史，也是阿根廷在 1976 年前后的历史，而且可以在数据中追踪到许多其他国家的类似历史。

利率、增长和储蓄如何影响不平等？

迄今为止，大多数关于不平等加剧的理论都是从微观经济学角度出发的，它们的核心思想是，外部因素，如技术或贸易，通过影响劳动时间和固定资产从而间接影响收入。库兹涅茨的理论从中观经济学角度出发，即认为不平等与宏观经济行为和经济发展的结构性变化有关。

2014 年，托马斯·皮凯蒂基于两条"基本定律"提出了一个关于不平等加剧的简单宏观经济学理论。第一条定律是，金融资产的所有权集中在少数人手里，因此，如果金融资产的收入增速高于总体收入增速，那么收入不平等就应该加剧。如果我们把金融资产的收益（也就是利率）称为 r，把收入的增长率称为 g，皮凯蒂认为，长期来看，r 的平均值约为每年 5%，而 g 的平均值接近 2%，所以 $r>g$，我们稍后详细分析。

高利率肯定有利于债权人，而低利率则更有利于债务人。同样可以肯定的是，"有钱放贷的人往往比没有钱放贷的拥有更多的钱[①]"。

---

① 本书作者的父亲、经济学家约翰·肯尼斯·加尔布雷思（John Kenneth Galbraith）曾将此称为加尔布雷思定律（Galbraith's Law）。

因此，我们可以推断高利率时期有利于富人，而低利率时期有利于穷人。我们将在下一节讨论这一观点的全球性证据。

金融化在改变不平等中扮演了什么角色？

"金融化"是一个复杂的名词，指的是经济活动的权力正在从国家政府转向金融从业者，是银行权力的上升，是金融市场的国际一体化的体现。

世界各地衡量不平等的一个常见模式是金融部门收入增加（或减少）对衡量总体不平等的影响。这一点很难从调查数据中发现，调查数据通常不能确认受访者是否在金融业工作。但当跨行业计算泰尔指数的组间成分时，如果（国家数据库通常都是这样）包含的类别之一恰好是金融，那么这个问题就非常明显了。在这些数据库中，人们可以直接从表格或图表中看出金融业收入上升（或下降）的影响。或者可以从地理数据推断出金融的重要性正在日益增加，因为大多数国家和地区都有一个"金融资本集中区"，金融业的大部分收入都集中在一个地区。纽约和伦敦在西方扮演着相同的角色，上海是中国的"金融资本集中区"，类似的还有俄罗斯的莫斯科和巴西的圣保罗。

金融部门还会以另一种方式影响不平等，即通过投资的集中式增长，收入也相应地增长。但投资仅发生在经济活动中一个很小的范围，这是从众心理的结果。在某一个特定的时刻，某些行业变得"炙手可热"，所有金融机构都争相"分一杯羹"。有些人会成功，许多人会失败。此外，还会有一些见不得人的、善于欺诈的玩家，如果任其发展他们可能给金融系统的稳定带来重大风险。但对不平等的影响源于最初的热潮，这种热潮必然会在短时间内将资源集中到一些"超级明星"手中。相比之下，典型的公共部门对经济的融资则将资源分散到各地，这就是政治的本质。收益虽然较小，但却得到了更广泛的成果共享，持久性可能更强，不平等加剧的可能性也小得多。

全球格局显示出了什么？

我们还可以通过观察不断变化的全球不平等格局来判断全球金融如今的力量。有研究使用 UTIP 数据库，对 20 世纪 60 年代初开始的世界各国不平等逐年变化的总体趋势进行了详细分析。研究表明，直到 1971 年，世界各国的不平等变动还没有明显的普遍趋势。一些国家的不平等程度上升，另一些国家的不平等程度下降，理性的观察者可能会得出结论，即国家政策的差异是收入不平等变化趋势的主要影响因素。

总的来说，从 1971 年到 1980 年前后，世界上的不平等现象有所减少，只有少数（但很重要）的例外，即受经济衰退困扰的西方工业国家的不平等开始上升。从伊朗到伊拉克，从北非到阿尔及利亚，这几个国家的石油产量下降得非常厉害。很明显，石油生产国这一共同角色将这些国家的不平等程度变化联系在了一起。但其他大宗商品生产国的表现则不错，南美洲南锥地区* 和由债务驱动的发展中国家也是如此。

1981 年，情况又发生了变化。不平等开始以一种戏剧性的模式普遍上升，几乎在所有地方都是如此。起初，世界债务危机的中心拉丁美洲和非洲的不平等程度上升最为剧烈。只有那些仍然远离商业银行融资的国家幸免：包括中国、印度和伊朗。20 世纪 90 年代，不平等迅速加剧的中心转移到了东欧和苏联；20 世纪 90 年代末，不平等加速转向亚洲，尤其是金融自由度放宽的印度和中国。在这方面，也有一个例外，即由外国直接投资驱动的东南亚"四小龙"地区，但这种状态也只是持续到 1997 年爆发金融危机之前。

我们通过勾勒一幅历史的图画来看清楚当时发生了什么。1971

---

* 包括阿根廷、智利和乌拉圭。——译者注

年，布雷顿森林体系崩溃了，它是 1944 年建立的全球金融稳定框架。随之而来的是石油和大宗商品的繁荣，它减少了生产国之间的不平等，加剧了消费国之间的不平等。然后，在 20 世纪 80 年代，超高利率和不断蔓延的债务危机使原本平衡的金融力量开始发生逆转。毫无疑问，这更有利于富人而不利于穷人，先是发生在拉丁美洲和非洲，随后是苏东国家，最后是亚洲。

从这种格局来看，全球金融力量的影响力是显而易见的。只有那些没有国际商业债务的国家才逃过了这场风暴，而且只有在它们能够或选择维持独立的情况下才能逃过这场风暴。在这个全球化、新自由主义和所谓的"华盛顿共识"盛行的年代，在私有化、解除管制、对外开放、削减公共开支和税收等的共同作用下，很少有国家能够真正逃过这场风暴。

但在 2000 年，情况又发生了变化。由于美国股市泡沫的破裂以及"9·11"恐怖袭击事件，利率几乎降到了零。全球大宗商品，尤其是石油价格上涨。中国经济持续增长，为许多外围产油国提供了新的需求来源。在南美洲的大部分地区、俄罗斯，不平等达到顶峰后开始下降，尽管这些地区远离了 20 世纪 90 年代的新自由主义共识，也远离了执行这一共识的国际机构。这一现象再次证实了全球共同力量的重要性。同时也表明，即使在"资本主义"（前提是政策不太野蛮）下，也没有不平等永远加剧的趋势。不平等是否增加,虽然不完全,但在很大程度上取决于控制全球金融体系的大国所设定的世界条件。

估算的家庭总收入不平等程度的十年均值

20世纪70年代到21世纪初使用EHII数据库计算出了全球不平等程度十年间的平均值。需要注意的是,富裕国家的不平等程度较低,但不平等的均值整体普遍呈现不断上升的趋势。斯堪的纳维亚地区的不平等程度最低;英国、法国、中欧、加拿大、澳大利亚过去的低不平等值都已经不复存在。

特定时期工资不平等的变化

一段时间内各工业部门工资不平等的年度百分比的变化根据联合国工业发展组织(UNIDO)编制的UTIP-UNIDO数据库计算出来。工资数据库是估算家庭收入不平等的原始材料,因此,这两项指标非常接近。但工资数据有更多的观测值,而且随着时间的变化而变化,所以更容易发现在特定时刻发生的不平等的巨大变化,特别是20世纪70年代的石油繁荣,80年代的债务危机以及90年代的苏联解体。在21世纪初,尽管不平等程度很高,但全世界范围内的不平等正在下降。

石油繁荣与石油危机(1970—1976年)

需要注意的是石油生产国(包括阿尔及利亚、利比亚、伊拉克、伊朗)的不平等正在下降,而石油进口国(尤其是印度和美国)的不平等正在增加。

发展中国家的债务危机(1983—1989年)

需要注意的是南美洲、非洲和亚洲大多数国家的不平等现象日益加剧。智利是一个明显的例外,在1973年的政变和1982年的银行危机中,这个国家经历了严重的不平等。同样,玻利维亚也是如此。在20世纪70年代末和80年代初的经济衰退中,美国工业工资的不平等也急剧上升,在1982年达到顶峰,1983年后随着经济不断复苏,工资不平等的现象略有下降。

苏联及其邻国政权的终结与"转型"的灾难(1990—1996年)

苏联及其邻国政权的戏剧性崩溃不言自明。还需注意的是,随着信息技术的蓬勃发展和经济走向充分就业,美国的工资不平等正在缩小。就美国而言,尽管收入不平等上升到前所未有的峰值,但工资不平等有所下降。

21世纪初：不平等逐渐下降的十年（2003—2008年）

值得注意的是，在这段时间，俄罗斯、中国、印度、印度尼西亚以及欧洲大部分地区的不平等都出现了下跌。美国再次陷入困境，这一时期工业工资不平等加剧。在巴西，尽管总体收入不平等在2002年后出现大幅下降的趋势，但工资不平等似乎有所加剧。我没有考察过新西兰的情况，该国在20世纪80年代从社会民主模式转型为自由市场的新自由主义模式，在21世纪前十年也没有像南非和部分南美国家那样出现经济衰退。

结论

我们快速浏览了全世界的状况，寻找经济不平等的规律，通过大量的、统一的数据库，我们可以观察到以下这些规律。下面的一般性结论在理论上是合理的。

第一，当用可靠的世界数据分析时，库兹涅茨的核心观点仍然有效。在经济发展、结构变化和收入增长的过程中，存在着不平等的变动规律。对当今世界上的大多数国家来说，增长有助于减少不平等，富国比穷国更加平等。然而,也有例外,尤其是在低端市场是这样。而在高端市场,随着科技和金融从几个富裕国家向全球扩散,库兹涅茨曲线似乎再次出现上扬的趋势。

第二,一直以来政治制度仍然是防止不平等加剧的堡垒。当政治制度崩溃时,随之而来的暴力可能会导致难以逆转的突然变化,可能会突发日益加剧的不平等。而减少不平等则需要多年的耐心,但也可能存在少数革命性的例外。

第三,在过去 50 年里,特别是在 1971 年布雷顿森林体系的稳定框架崩溃以来,全球金融力量和不断变化的金融环境对世界各地的经济不平等发挥了强大的影响力。

第四,当我们观察全世界大批国家时,似乎没有一种单一的永久的不平等趋势,既没有下降(正如库兹涅茨对长期情况的推测那样),也没有上升(正如皮凯蒂在一个小得多的国家范围中总结出的那样)。相反,收入不平等大幅上升似乎主要是 1980—2000 年的一种现象。2000 年以后,这一趋势就停止了,尽管不平等程度仍然很高,但在许多相隔甚远的国家,不平等都有下降的趋势。最值得注意的是,在被迫或主动经历了政策变革的危机后,包括巴西和阿根廷在内的许多南美国家的不平等和贫困都有所减少。较低的利率和较好的大宗商品价格似乎是重要的影响因素,也是过去 20 年许多地区不再采用正统自由市场的原因。

第八章 我们会回到维多利亚时代吗？

巴黎经济学院的托马斯·皮凯蒂在 2014 年出版的重要著作《21 世纪资本论》(*Capital in the Twenty-first Century*)中指出,资本主义制度造成收入不平等,尤其是财富不平等日益加剧,这是一个基本趋势。[①]皮凯蒂的基本论点基于一个简单的不等式:

$$r > g$$

其中 r 代表金融财富收益率,也就是皮凯蒂所说的资本收益率,g 代表经济增长率。皮凯蒂认为,只要这种不平等继续存在,财富集中和不平等加剧就成为必然趋势。而且他认为这种趋势是资本主义的一个深层特征,在整个历史中基本上都是如此。

---

① 本章改编自作者的评论文章《21 世纪资本论?》,发表于《异议》(*Dissent*)。

什么是"资本"？

皮凯蒂的书在美国上市时，封面以白色为背景，用大大的红色字母印着"资本论"。而这一标题引发了对"资本"这个充满争议的概念的意义的讨论。

《资本论》出版于 1867 年。对卡尔·马克思而言，资本属于社会、政治和法律的范畴，是统治阶级控制生产资料的手段。资本可以是钱，也可以是机器；可以是固定的，也可以是可变的。但资本的本质既不是物质的，也不是金融的，而是资本赋予资本家的权力，即做出决策和从工人身上榨取剩余价值的权力。因此，它是产生不平等的力量。对马克思来说，社会基本被分割为拥有资本的人和没有资本的人，后者不得不向前者出卖自己的劳动。

20 世纪初，新古典主义经济学摒弃了这种社会和政治分析，转向了呆板的经济分析。资本被重新定义为一种实物，它与劳动相结合来实现生产。这种定义可以用"生产函数"实现数学表达，而工资和利润可以表述为每个生产要素的"边际产品"。因此，这一设想使机器的使用超过了其拥有者所能发挥的社会作用，并将合法的利润作为对这一项必不可少的贡献的公正回报。因此，新古典主义经济学家将资本与收入之比(K/Y)视为资本存量的生产力和效率的实物或技术关系。

皮凯蒂计算资本的方法包括两个步骤。首先，他将实物资本设备与所有形式的货币价值财富（包括土地和住房）归为一类，无论这些财富是否用于生产。他只将新古典经济学家所称的"人力资本"排除在外，大概因为它无法买卖。然后他估算了这些财富的市场价值。因此，尽管皮凯蒂经常谈到资本，以及 K/Y 的变化如同物理量在变化一样，但在他看来，资本不是一种实物的度量，而是一种货币度量。①

20 世纪的"资本"发生了什么？

20 世纪初，皮凯蒂的资本/收入比之所以下降，主要是因为战时动员产生了高得多的收入，而现有的市值收益在第一次世界大战期间有所收缩（在一些国家，股票市场完全关闭）。后来，当资产价值在大萧条时期开始暴跌时，瓦解的不是实物资本，而是其市场价值。然后，二

---

① 例如，当皮凯蒂描述 1910 年后法国、英国和美国的资本/收入比下降时，他认为，这是由战时资本设备遭到破坏造成的。然而，根据 1919 年凯恩斯的研究，显然第一次世界大战期间，英国和美国的资本并没有遭到破坏，至于法国也是故意夸大了这一事实。比利时则是另一回事，但它并不在皮凯蒂的研究对象中。

战期间出现了新一轮的收入增长（尤其是在美国），与此同时资本收益再次受到抑制。所有这些主要是财务估值和货币收入的问题，而不是实物投资或撤资。然而，所有这些因素都压低了皮凯蒂的资本收入比。

皮凯蒂接着指出，与当前收入相比，资本性资产的市场价值自20世纪70年代以来大幅上升。据他计算，在英美国家，这一比例从当时的250%—300%上升到今天的500%—600%。从某种意义上说，"资本"再次成为经济生活中更重要、更占主导地位、更主要的因素。同样，这里的资本指的是金融资本而不是实物资本。由此开始，皮凯蒂提出收入分配的一般理论。

皮凯蒂分配的基本定律是什么？

根据他称为"基本定律"的公式：$r>g$，皮凯蒂将 K/Y 的上升归因于经济增长相对于资本收益率的放缓。皮凯蒂认为资本主义有一种结构趋势，即 r 超过 g，从而导致不平等加剧，因为资本的所有权集中在相对较少的人手中。

收益率从何而来？皮凯蒂从来不说。他只是断言资本收益率通常为一定的平均值，比如 19 世纪土地收益率为 5%，20 世纪更高（皮凯蒂有时赞同我们之前讨论过的实物资本收益率的理论，但这一理论也是有问题的）。

这里的一个问题是，金融估值的走势可能与"收益率"无关。例如，在日本，皮凯蒂的资本收入比在 1990 年达到峰值，而此时日本正经历长期经济增长下滑。在美国这一比率也是在 2008 年开始的金融危机时达到顶峰，而在加拿大，虽然没有金融危机，直到 2012 年这一比率显然仍在上升。头脑简单的人可能会说，市场价值是由金融化驱动的，泡沫夸大了市场价值，在允许的范围内上升，在破裂的时候下降。这种理论可以很好地解释收入分配的波动，特别是在美国，在那里所得税记录可以相当好地反映非常富有人群的实际收入。

皮凯蒂认为，长期来看，r 将超过 g，导致不平等加剧，这是一种不可阻挡的趋势。但有两个原因可能使情况并非如此。第一，对利息收入征税大大降低了 r 和 g 之间的差距。第二，利息收入带来的消费会降低金融余额的累积程度。如果利润既被征税又被消费，它们就不能被积累和继承。

皮凯蒂的第二条基本定律关注的是储蓄对金融财富的影响。其核心观点是富裕人群的高储蓄率使他们的优势更加明显，他们的收入增长速度比那些不储蓄的人更快。该定律跟第一条基本定律一样受到普遍批评，储蓄的人所积累的财富肯定要比不储蓄的人多，这的确是事实。然而，还有另外一个事实是，现实生活中，相比于新的收入，税收和通货膨胀更多地稀释了积累的财富。而历史上到处都是经济衰退和财富枯竭的例子。

皮凯蒂的数据说明了什么？

皮凯蒂这本书所做的实证研究的核心是通过少数富裕国家的税收记录，进而揭示收入分配的变动规律，这些国家主要是法国和英国，但也包括美国、加拿大、德国、日本、瑞典和其他一些国家。它的优点在于长时间序列的研究，并对精英群体的收入进行了详细的研究，这是其他分配研究经常忽略的。

皮凯蒂指出，从 1910 年以后的几年开始到 20 世纪中叶，法国最富有人群的收入份额开始下降。1945 年之后的 30 年里，顶层收入份额一直处于低位。从 20 世纪 80 年代开始，这一比例在美国和英国急剧上升，而欧洲和日本则有所下降。

因此，20 世纪的大部分时间，至少 1914—1980 年，事实都不符合他的定律。皮凯蒂将这部分归因于世界大战，但也是在这个时代，所得税开始广泛使用，同时利率由央行控制。此外，战争和相关社会变革的间接影响还包括工会化、工资上涨、累进所得税税率变动，以及战后英国和法国的国有化和政府征用。在此期间，在构成皮凯蒂数据核心的国家，税后 r 没有超过 g，收入不平等也没有加剧。"长期趋势"的断言要求人们相信，19 世纪和更早时期的情况现在将持续地重新出现。

财富集中度似乎在 1910 年前后见顶，直到 1970 年才开始下降，然后再次上升。如果皮凯蒂的估计是正确的，那么如今法国和美国的顶级财富份额仍低于"美好时代"（Belle Époque）的值，而美国的顶级收入份额则回到了"镀金时代"的值。皮凯蒂还认为，美国是一个极端的例子，美国目前的收入不平等程度超过了一些主要的发展中国家，包括印度、中国和印度尼西亚。从附录中我们可以看到，其他衡量指标并不支持这一观点。

但即使是在美国国内，也有理由保持谨慎。看看这张非常有名的来自皮凯蒂论著中的美国税收数据中最高收入人群所占比例的图片（如图 8.1 所示）。数据有两个明显的变化：一个发生在 20 世纪 40 年代初，另一个发生在 20 世纪 80 年代末（规模小得多）。第一次变化是在第二次世界大战爆发的时候，当时为了阻止"战争百万富翁"的出现，最高税率被提高到非常高的水平（92%）。这显然是有效的，尽管

图 8.1　1910—2012 年美国收入前 10% 人群的收入占比

注：美国收入前 10% 人群的收入占美国国民收入的比重从 1910—1920 年的 45%—50% 下降到 20 世纪 50 年代的不足 35%（这一下降被库兹涅茨记录在案）；之后该比重从 70 年代的不足 35% 上升到 2000—2010 年的 45%—50%。

资料来源：Thomas Piketty，2014，*Capital in the Twenty-first Century*，p.24。

它也可能鼓励企业以未申报税的方式奖励高管。

另一方面，1986 年，美国国会通过了税法改革方案，降低了最高税率，扩大了应税收入的征收范围。这将提高可衡量的最高收入，但显然这些收入事先就已经存在了。美国经济没有出现任何潜在的变化与税收和报表的变化相对应，因此，1986 年后最富有人群收入占比的上升是夸大其词。

在里根总统任内，美国税法的修改鼓励提高企业高管的薪酬、使用股票期权以及（间接地）将新技术公司拆分为资本独立的企业，最终形成了英特尔、苹果、甲骨文、微软等公司。现在，最高收入不再是固定工资，而是密切跟随股市走势发生变化。这是所有权集中、资产价格波动以及将资本计入高管薪酬的直接结果。这一点在皮凯蒂图表的两个峰值中体现出来，分别是 2000 年纳斯达克（NASDAQ）繁荣时期的峰值和 2007 年房地产崩溃时期的峰值。[1]

我们正在回到 19 世纪吗?

在皮凯蒂的图表中，高收入人群收入所占比例越来越高，这一趋势无疑看起来不妙。然而，值得注意的是，它衡量的是一个社会一个世纪以来的最高收入，而这个社会在此期间发生了根本性的变化，其变化方式并没有在数据中反映出来。例如，在 1929 年，当最高收入人群收入占比达到早期峰值时，没有社会保障，没有失业保险，没有医疗保险，没有医疗补助，没有食品券，没有收入所得税抵免，没有次级抵押贷款市场——事实上，创造了美国现代中产阶级的任何制度体系都不存在。20 世纪 80 年代，当顶层份额再次上涨时，它们是在一个更富裕、中产阶级也更多的社会里实现的。这些制度体系起到了很大的作

---

[1] 特拉维斯·黑尔（Travis Hale）和我在 2004 年的一篇论文中记录了 20 世纪 90 年代末的高收入与信息技术繁荣的相关关系。参见工作论文 27，http://utip.gov.utexas.edu。

用，而且还在继续发挥作用，因此，2000 年的峰值与 1929 年的峰值不能相提并论。

在其他某些方面，皮凯蒂似乎也夸大了他的主张。例如，如图 8.2 所示，他用这个图表来说明 $r>g$（因此，不平等加剧）是世界的正常状态，我们注定要回到这个状态。但是请注意，"数据"从第 0 年开始，一直持续到 2200 年。还要注意的是，存在例外情况，20 世纪的年份被缩减为一个单一的点，因此图表显示了对遥远过去长期模式的清晰回归。

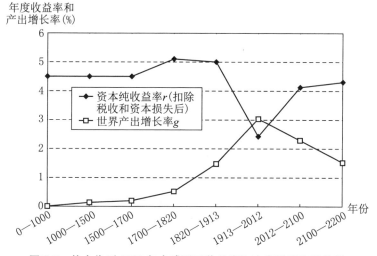

图 8.2 从古代到 2200 年全球税后收益率和产出增长率的比较

注：资本收益率（扣除税收和资本损失后）在 20 世纪逐步降到了世界产出增长率之下，而在 21 世纪有可能再次超过它。

资料来源：Thomas Piketty, 2014, *Capital in the Twenty-first Century*, p.357。

　　但是，当然，早期年份的数据是推测性的，而未来年份的数据只是预测。如果我们只显示从 1700 年到现在的数据，皮凯蒂或多或少记录了一些事实，如果我们按照实际长度的比例来表示这些年份，那么图表将如图 8.3 所示。很明显，这个图表以及真实的数据并不支持 $r>g$ 是"常态"这一观点。它也并没有告诉我们接下来可能会发生什么。[①]

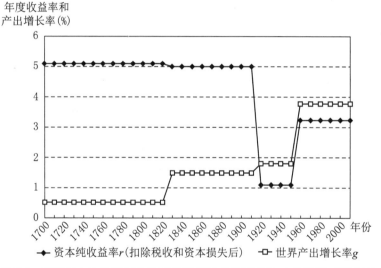

图 8.3　税后资本收益率和世界产出增长率：实际数据和未失真的时间序列

注：资本收益率（扣除税收和资本损失后）在 20 世纪逐步降到了世界产出增长率之下，而在 21 世纪有可能再次超过它。

资料来源：诺亚·莱特（Noah Wright）授权使用。

---

① 有关皮凯蒂书中造成视觉扭曲的完整图表，请参阅诺亚·莱特的《皮凯蒂的 21 世纪资本论的数据透析》(Data Visualization in Piketty's Capital in the 21st Century)，UTIP 工作论文集，第 70 篇。

为什么皮凯蒂对金融估值的研究很有趣？

正如亚当·斯密所言，私人金融估值衡量的是权力，包括政治权力，即使权力持有者并没有发挥积极的经济作用。未谈及的地主和科氏兄弟也拥有这种权力。皮凯蒂称其为"承袭制资本主义"（patrimonial capitalism），换言之，这不是真的某种资本主义，而是由那些拥有金融财富的人控制的社会和政治体系的一个重要现象。

长期以来，多亏了法国大革命，在皮凯蒂祖国，财富和遗产登记制度才会一直完善。这使得皮凯蒂能够找到财富集中的几个简单决定因素：资本收益率、经济增长率和人口增长率。如果资本收益率超过增长率，那么富人和老年人相对于其他所有人都会受益。与此同时，遗产取决于老年人积累的程度（老年人寿命越长，遗产就越多）和他们的死亡率。皮凯蒂估计，在法国，这两种力量（富人和老年人）获益于遗产的继承，约占目前年收入的15％，如此高比例的影响因素在报纸或教科书中却无人察觉。

此外，对于法国、德国和英国来说，"继承额"（inheritance flow）自1980年以来一直在上升，从微不足道的水平上升到非常可观的规模，这是金融资产收益率增长，同时老年人死亡率略有上升造成的。这一趋势似乎还会持续下去，尽管人们想知道金融危机对金融估值的影响。皮凯蒂还表明（在数据允许的小范围内），一小群亿万富翁的收入在全球财富中所占的比重，一直在以远高于全球平均收入的速度增长。

在全球范围内征收财富税如何？

皮凯蒂写道：

> 无论初始的财富差距是否合理，财富会自我生长并自我膨胀，会超越一切合理界限以及社会效用角度上的任何合理解释。因此，创业者会变成食利者，不仅是在代际交接过程中，在同一代人中也会出现……一个在 40 岁时充满了创意的企业家不一定会保持这种状态到 90 岁，而他的子孙也不一定会像他那样具有创业才能。但财富却留了下来……

通过这段话，他对之前模糊的定义做了区分：用"社会效用"作为依据的财富与其他类型的财富之间的区别。在某种程度上，这就是"利润"和"租金"之间的区别。回想一下，早在李嘉图时期，古典经济学家就呼吁对没有社会效用的租金征税，并对利润免税。

皮凯蒂的解决方法是戏剧性地呼吁征收"全球资本累进税"，他指的是财富税。的确，在一个不平等（和预算赤字）的时代，还有什么比对富人的财产征税更适合的呢？但如果这种税收无法区分财富是否具有持续的"社会效用"（皮凯蒂本人也提出了这种区分），那么它可能就不是最好的、经过深思熟虑的想法。对于这一点，我们将在关于财富的一章中进一步阐述。

第九章 不平等后果的规范分析

在过去的一代人中,几乎所有国家都经历了国内经济不平等的显著增加,因此,全球人口无一例外地生活在比 1960 年甚至 1980 年更不平等的国家。同样的说法是否适用于全球经济不平等就不那么确定了:1960 年,欧洲和中国之间的生活水平差距比今天大得多。然而,任何将全球不平等视为一个独立命题的观点,都是建立在对各国生活习惯和价格水平进行比较的基础上的,因此,所依据的基础要比分析单个国家内部不平等的基础弱得多。对大多数人来说,不平等问题,更重要的是与本国人口的比较。

那么,不平等加剧的后果是什么? 会带来什么样的影响? 这就是本章的主题。

不平等对经济增长是有利还是有害?

或许,人们对经济不平等最普遍的担忧是,它可能对经济增长产生不利影响。然而，这并不是唯一可能的观点。

正如我们在第 2 章中所看到的，年轻的约翰·梅纳德·凯恩斯认为，至少在当时的英国，19 世纪的巨大不平等，是该国家经济扩张和统治世界的根本因素。因为新兴工业化时代的英国富人本能地明白，他们的地位取决于对财富的道德利用，他们应该储蓄和投资，而不是浪费在无聊的享乐上。维多利亚时代的美德一方面是节俭，另一方面是勤奋。

维多利亚时代故事的现代版本支撑了里根改革的"供给经济学"。在这一理论下，减税应该带来"储蓄、投资和工作投入"的增长。这一观点最近很多作者都有提及，其中最著名的是麻省理工学院的克里斯汀·福布斯（Kristin Forbes）在 2000 年发表的一篇颇具影响力的文章[*]。福布斯认为，作为一个普遍规律，不平等的加剧将导致储蓄和投资活动的集中，随之而来的是经济增长的激增。对此，她进行了基于 DS 数据库的实证研究，这也许是当时可用的最好的证据。然而，公平地说，当时提出的证据远没有说服力。

全球发展中心（Center for Global Development）的南希·伯索尔（Nancy Birdsall）及其合著者持相反观点。他们认为，更大的平等与更

---

[*]　文献可参见 K.J. Forbes, "A Reassessment of the Relationship between Inequality and Growth", MIT, Working Paper, *American Economic Review*, 2000，90(4):869—887。——译者注

强的增长正相关，主要是因为一个更平等的社会有更强的动力来发展教育和培训以提升工作技能。伯索尔论点的一个典型例子是，相对平等的亚洲社会（尤其是 20 世纪 90 年代）的崛起是在大力促进人类发展的基础上形成的，例如韩国。的确，如果我们看看 20 世纪 90 年代一些亚洲国家的政策选择，就会发现那些更加平等的国家的经济增长速度更快。

对于平等主义者来说，伯索尔的观点在本质上比福布斯的观点更有吸引力。但从长远来看，这两种观点是否都是正确的呢？

要回答这个问题，先看下面的说法："油门的深浅决定汽车的速度。"这是真的吗？你可能会说："当然，油门往下踩，汽车就加速。"但是再想想，这总是对的吗？当然不是。汽车必须处于工作状态，必须有燃料，必须启动，必须挂挡，必须在一个可行驶的平面上。即使所有条件都满足了，汽车确实加速了，这种效果也不会持续太久。汽车有最高时速限制，有油耗尽的时候，从长远来看，无论发生什么，它们都会减速并停下来。因此，如果我们在所有条件下观测所有的汽车，那么油门深浅与汽车速度的统计相关性将是不正确的。

换言之，假设低不平等确实与高增长有关。在这种情况下，经过一段时间后，低不平等国家都会变富，高不平等国家都会变穷。的确，富国的不平等程度往往低于穷国。但这并不意味着从一开始就是这样的。事实上,我们知道的确并非如此。库兹涅茨的论点告诉我们,平等主义制度是一种胜利,一部分是在发展过程中产生的,一部分是在社会和政治斗争中产生的。

相反,假设高水平的不平等确实会系统性地带来更高的增长。在这种情况下,经过一段时间后,富裕国家将高度不平等,平等主义国家将变得贫穷! 但我们知道事实并非如此。诚然,一些最平等的国家未能保持增长和发展,从而与西方富裕国家竞争。但在西方,由于高水平的投资和生产率增长,那些最平等的国家变成了最富有的国家。因此,无论回归结果如何,收入和财富的不平等都不可能为经济增长带来决定性优势。

不平等与贫困、健康和幸福有何关系?

乍一看,不平等和贫困之间的关系似乎很明显。在同等收入水平下,一个更加平等的社会将比一个不平等的社会拥有更少的贫困人口。更大的平等的确切定义是,远离收入分布中心的人必然更少。

然而,事实并非如此简单。多年来,许多经济学家都认为,效率和公平此消彼长。如果以一个更加平等的社会作为政治价值来追求公平，那么必然在总收入和生活水平方面付出代价。如果是这样，一个完全由穷人组成的平等主义社会也是有可能的。

EHII数据库揭示了一个惊人的事实，世界上似乎不存在这样的社会：即平等主义国家几乎都很富有，贫穷国家都是高度不平等的。当今世界上可能存在的一个例外是古巴。但就古巴而言，如何衡量收入是一个非常困难的问题。的确，在物质商品和住房方面，古巴人的生活水平低于"发达"国家。但另一方面，古巴的教育、卫生、技能培训和预期寿命水平较高，可与个人生活水平高得多的国家相媲美。在判断古巴的"收入水平"时，这些因素中哪一个更重要？我们无法得到一个很好的答案。

流行病学家理查德·威尔金森（Richard Wilkinson）和凯特·皮克特（Kate Pickett）分析了健康、死亡率、预期寿命和其他因素，得出了一个惊人的结论：平等主义社会在这些方面做得更好。这一发现背后的深刻见解源于对官僚结构的研究。在早期的研究中，威尔金森发现，在英国的公务员体系中，地位较低的人比顶层的人健康状况更差。在这种情况下，地位较低的压力似乎是主要影响因素。威尔金森和皮克特的研究将这一发现扩展到国际比较。

威尔金森和皮克特的研究遭到了批评，尤其是有人指责他们的统计结果受到特殊案例（异常值）的影响，他们可能忽略了那些与他们报告的关联度较低的国家。更重要的是，像法国、德国或美国这样的大国的公民，是否真的花时间将自己与本国最富有和最贫穷的公民进行比较？这些公民可能在地理上和社会上是完全隔绝的，他们是否只会把自己和邻居、同事和家人相比较？如果是这样的话，就没有理由期望有一项衡量不平等程度的全国性指标。因为无论它多么准确，都无法很好地测量任何人的压力。另一方面，如果人们把自己和他们在电视上看到的人作比较，就会得到一个不同的答案。

接下来的问题是，在控制了收入水平之后，从某种意义上说，更平等地区的公民是否比不平等地区的居民更幸福？人们似乎合理地接受了这样一种观点：幸福会随着收入的增加而增加，达到一定的（适度的）水平后，国民收入的进一步增加对国民的心理健康没有明显的影响。

但是平等能提高幸福感吗？应该如此吗？坦率地说，笔者也毫无头绪。

不平等与失业有何关系？

关于工资不平等和失业率之间的关系的研究也是富有成效的。

这里有两种截然相反的理论立场，它们都对世界各国的政策产生了重大影响。

有一种观点基于劳动力市场的传统供需框架。它认为，无论是通过工会、最低工资法还是公平劳工标准，工人们争取更高（和更平等）的工资都会使劳动力市场走向僵化。面对快速的技术变革，雇主们愿意花更多的钱雇佣更有效率的工人，而生产效率较低的员工的价值越来越少，僵化的劳动力市场造成了技能供给和需求之间的"不匹配"，因此造成了失业。尤其是在欧洲，人们经常用这种论点来解释所谓平等主义的欧洲国家的大规模失业，并支持"劳动力市场改革"的呼声，即削弱工会的权力、工人的保有权和从工作中获益的权利。

这一论点的一个明确含义是，工资不平等的国家失业率应该更低，在这方面，人们经常拿社会民主主义的"欧洲"和自由市场主义的美国进行比较。

然而，至少有两种被广泛接受的理论与此相反。其中一个理论与两位主流经济学家约翰·哈里斯（John Harris）和迈克尔·托达罗（Michael Todaro）有关。他们研究了20世纪60年代东非的工资差异、移民和失业情况。他们观察到，在一些国家，城市设有最低工资、而郊区没有，人们会为了找到一份（稀缺的）收入更好的工作而搬到城市。因为有很多人都这样做，而就业机会却很少，结果就是失业率在那些社会中是前所未见地高。换句话说，不平等导致了失业。

哈里斯—托达罗模式在现代社会有着广泛的应用，异地移民和就业已经成为普遍现象。在现代中国，数千万来自农村的流动人口在城市里寻找建筑和其他行业的工作。在现代欧洲，为了找工作，跨国的移民长途跋涉已成为家常便饭，人们总是从贫困地区迁往富裕地区。北美的情况也是如此。20世纪四五十年代，从墨西哥和中美洲到美国和加拿大的移民，成功地接替了从南方腹地到中西部工业地区的非裔美国人，从而成为最大规模的移民。

移民并非失业人口的唯一来源，但任何巨大的工资不平等都会产生类似的结果：人们会离开低薪工作，去寻找更好的工作。他们知道，一般来说，雇主喜欢雇佣主动的求职者，而不是那些没有动力去主动寻找工作的人。相反，在平等主义社会，人们更不愿意放弃低生产率和低报酬的工作，原因很简单，没有显著的预期收入增长。因此，一般来说，平等主义社会应该更稳定，失业应该更少，而不是更多。

欧洲大陆的情况也广泛地支持哈里斯·托达罗的假设：在控制了收入水平和年轻人在人口中所占比例等其他因素之后，不平等程度与失业率之间存在着很强的统计相关性。奉行平等主义的北欧国家的失业率一直低于不平等的南欧国家，而某些小国，特别是奥地利和爱尔兰，能够在相当长一段时间内享受低失业率，同时追求高度平等主义和集中化的内部工资结构。

那么比较欧洲和美国的情况如何？在这些地区和国家，标准的说法是否站得住脚？如我们所见，因为总是以收入数据而非工资数据作比较，美国更大的不平等主要源自资本性资产收入的不平等。更重要的是，这些比较都是美国和个别欧洲国家的比较。诚然，美国的贫富差距比大多数欧洲国家都要大得多，比如丹麦，甚至德国。但欧洲不再是多个独立的国家的集合，而是一个单一一体化的大陆经济体。如果将欧洲作为一个整体来衡量其工资不平等，那么就有必要计算各国平均工资的差异，比如德国与波兰，或挪威与罗马尼亚之间的巨大差异。一旦这样做，情况就会发生变化，根据现有的计算，欧洲的工资不平等程度比美国更大，而不是更小。因此，历史上美国在就业方面表现较好并不令人意外。

还有另一种理论认为工资不平等与经济效益有关，我们将在下一节讨论这一理论。

不平等与生产率增长有何关系？

20世纪 50 年代初，两位瑞典工会经济学家鲁道夫·迈德纳

(Rudolf Meidner)和戈斯塔·雷恩(Gosta Rehn)提出了一种平等主义的工资结构理论,该理论自20世纪30年代中期以来一直指导着瑞典的社会民主政策,并将在接下来的30年继续发挥作用。

迈德纳—雷恩的论点基于这样一个事实,即所有行业以及大多数其他经济部门的效率和生产率是参差不齐的。自然,一个企业生产率越高,单位产出所消耗的劳动力就越少,能够轻松支付的工资就越高,反之亦然。

因此,他们推断,工资政策应该禁止支付低工资,因为这将迫使落后的公司升级,并将给先进的公司带来强大的竞争优势。随着时间的推移,更先进的企业将在国民经济中占据更大的份额,不可救药的守旧派将被迫破产,国家的生产力和生活水平将得到改善。这一过程与开放贸易相适应,实际上,它无法在贸易保护下发挥作用,它只需要国家积极地对失业工人进行再培训,并为那些无法在先进部门工作的人提供就业机会。

人们可能会说,这种"斯堪的纳维亚"或"LO"模式在把瑞典从一个收入接近欧洲平均水平,严重依赖木材、铁和其他自然资源的国家,转变成工程、航空和汽车强国的过程中发挥了强大作用。然而,有人可能会质疑,这种模式是否适用于大国,因为大国不能有效地将其所有产业都转变为世界级产业,而必须同时接受完全竞争和中等水平的产业，因此也就必须同时接受高工资和低工资并存。

生物学模型怎么说？

最后一个值得一提的关于不平等和经济效益的模型就是由托尔斯坦·凡勃仑开创的、由制度学派发展起来的生物学/人类学方法，代表性研究者包括著名的白领犯罪学家威廉·K.布莱克（William K. Black），以及本书的作者。具体观点详见作者于 2008 年出版的《掠夺型政府》（*The Predator State*）一书。

正如我们在第 2 章中看到的，凡勃仑认为人类社会是原始或野蛮社会形态的延续，甚至是动物世界的延续。它不是由冲突或合作的阶级构成，也不是由没有生命的"生产要素"构成，而是由"工业"和"剥削"这两个半分离的世界组成。前者是充斥着工作的世界——枯燥乏味、令人厌烦、必要而又富有成效。后者是狩猎的产物，本质上是一种掠夺——它的繁荣是以牺牲生产或工业部门为代价，它的统治地位是由武力和欺诈或以法律形式强制而来，表现为个人财产权。

"白领欺诈"（white-collar fraud）的概念并没有在经济学领域发扬光大，大多数经济学家认为，欺诈不可能成为一股重要的力量，因为市场会对其进行筛除。布莱克提出了"控制欺诈"（control fraud）的概念，即公司高管从公司内部非法攫取财富，这个概念也被称为"掠夺"（looting）。控制欺诈的具体表现为公司快速增长、股市估值高企、拥有好得令人难以置信的商业计划和财务报表，以及内幕人士积累的巨额个人财富。控制欺诈终将失败，但其后果是让少数人积累了巨额财富，加剧了不平等。控制欺诈是 20 世纪 80 年代美国储蓄和贷款危机的主要表现特征；它在 20 世纪 90 年代末的信息技术热潮中扮演了重要角色；它是 21 世纪初安然、泰科和世通等公司的标志；也是整个金融领域的关键特征，从抵押贷款发放到评级，从证券化到虚假止赎，最终导致了 2007—2009 年住房贷款引发的重大金融危机。那个时代的语言，比如"说谎者贷款"（liars loans）、"中子贷款"（neutron loans）、"有毒废料"（toxic waste）等，都显示了金融体系的腐败。

掠夺型政府的主要贡献在于 20 世纪美国构建的公共项目和制度体系，它是由富兰克林·罗斯福的新政和林登·约翰逊的"伟大社会"所创造出的。其中三项——社会保障、医疗保险和医疗补助，如今已是收入、逆周期稳定和经济活动的强大来源，而且随着人口老龄化和制造业向世界其他国家转移，这些都变得更加重要。随着这些项目的开展，人们开始清楚地认识到，公共项目包括医疗和教育系统在内，对经济的影响并不是边缘化的；它们已经成为经济的核心结构，也成为财富攫取的诱人目标。掠夺型政府表现为公共资源转变为私人利益，即从大量公共资源项目中抽取利益，例如将公共养老金私有化，或向老年人提供医药保险的同时大量注资药品供应商。这些行为也在一定程度上造成了不平等的加剧。与此同时，高度的不平等又为这些行为的蓬勃发展创造了政治条件。

不平等应该得到控制吗？

简而言之，已有研究都不足以说明不平等对增长是好是坏，而认为在一定收入水平之上，社会越平等人们就越健康、寿命更长、更幸福的观点可能正确，也可能不正确。但有令人信服的证据表明，在合理的范围内，不平等程度的降低会促进经济效益的改善，而不平等程度的加剧则预示着麻烦的到来。

特别是，有强有力的证据表明，平等的工资结构有助于降低失业率，降低移民的吸引力。对于较小的国家来说，对外贸易占很大比例，我们有理由相信，如果这些国家能随着开放贸易和积极的劳动力市场政策进行教育、培训和就业安置，那么平等的结构可以促进生产力提高和改善该国的竞争地位。最后，人们有理由相信，高度不平等带来了控制欺诈和普遍掠夺的巨大风险，在这种情况下，旨在支持弱势群体的国家政策工具被少数人控制，并用于自身财富的积累。不平等加剧是泡沫的标志，而泡沫中通常充斥着欺诈。

让我用一个生物学上的类比来结束本节，这个类比在某些情况下可能有用。在中上阶层发达国家，经济不平等的衡量标准似乎有点像人类的血压。有一个可以被认定为健康的正常范围；在这个范围内，数值越低通常越好。正如血压一样，不平等太低，则经济机构变得迟缓，反应迟钝。而完全平等，就像零血压一样，预示着死亡。

随着不平等的加剧，可能不会立即出现症状。事实上，其原因可能与繁荣和繁荣时期的过度行为有关。但是，随着不平等的加剧，未来将会出现麻烦，发生重大危机的可能性增加了。而危机一旦发生，它将不仅仅是"冲击"或"挫折"，而是会导致"衰退"。这可能危及生命，就像经济上的"心脏病发作"或"中风"，造成的损害可能难以修复。

最重要的是，这正是我们关注和监测不平等变化的原因，就像医生监测病人的血压一样，也是防止不平等失控的谨慎措施。

第十章　应对不平等的政策

现在我们的出发点是实际经济不平等是过度的,包括美国在内的许多国家都是如此,因此应当减少不平等。虽然笔者持有明确的观点,但并不是所有的读者都会赞同,本书并非旨在对此展开辩论。这就需要我们为此提出更广泛的补救方法。在此,我们承认本章确实存在这样一个问题。

讨论政策时通常要针对特定国家的历史、法律和制度,应对不平等的政策也是如此。虽然本章所讨论的一些问题涉及许多国家,可以笼统地和抽象地加以处理,但由于本书篇幅有限,无法讨论所有的国家,我们在这里主要以美国为例。其他国家的读者不妨考虑如何将本书所述原则适用于他们所更了解的情况。

减少工资、收入和支出不平等的政策可分为三大类。第一类,在税收或政府转移支付制度生效之前,有些政策会影响工资和收入结构。这些政策通过提高穷人收入或降低富人的相对收入来发挥作用。

第二类,税收和转移支付政策影响既定收入。这些政策在消费和储蓄之前改变个人收入分配。第三类,虽然很少有人讨论但仍然值得一提,这些政策改变了生活成本,对不同收入水平的家庭产生了不同的影响,例如对商品销售征税或提供低成本的公共产品。这些政策使税后及转移支付后的收入分配更加平等。

我们将依次讨论这三种类型的政策。

反垄断政策能减少不平等吗?

反托拉斯法也许是现代社会第一项伟大的平等主义政策,尽管与19世纪的废除奴隶制和宅地法相比,反托拉斯法在道德意义上相形见绌,但每一项法案都将个人和土地的财产权转让给以前被剥夺了这些权利的人。

反垄断的意义很明确:镀金时代是托拉斯的时代。托拉斯是垄断的:工业帝国的建立和维护是为了一小部分富豪的利益。从亚当·斯密甚至更早的时候开始,垄断就被认为是一种积累巨额不义之财的邪恶行为。反托拉斯法的目的是瓦解这些垄断企业,并抑制它们所赋予的经济权力。

这样做有效吗？很难找到强有力的证据证明确实如此。例如，约翰·洛克菲勒的标准石油公司虽然被拆分了，但洛克菲勒家族通过多元化经营继续主宰着经济和政治舞台长达数十年。安德鲁·卡内基没有留下继承人，而是留下了一大笔财产。安德鲁·梅隆的相当一部分财产，最终确实归于政府，比如捐献的美国国家美术馆，但那只是一个税务案例，而不是反垄断的结果。反垄断是一种工具，用来抑制一些最严重的滥用公司权力的行为，但无法阻止私人财富的集中。

自由贸易能减少不平等吗？

亚当·斯密所认为的"欧洲政策"的不平等，是国家授权的垄断、阻止乡村工匠之间竞争的行会制度和学徒制度，以及对国际贸易自由的普遍限制。其中许多限制一直延续到今天，包括许可证制度和国际贸易谈判代表口中的"知识产权"。

50多年来，世界不可阻挡地朝着扩大贸易的方向发展，多数观察家们都认为其结果是加剧了较富裕国家的不平等，而非减少不平等。究其原因，自由贸易的主要输家是发达国家中低技术产业的制造业工人，包括服装和纺织品业、汽车制造业和重型机械制造业。由于这些工人曾在工业中下阶层中占据了相当大的比例，他们的失业是观察家们所说的"正在消失的中产阶级"产生的一个主要因素。

但是，造成这种局面的贸易真的是"自由贸易"吗？审视后的答案显然不是。自由贸易协定很长，有数千页。事实上，它们正是关于贸易管制和限制投资自由的详细条款。从科技公司到制药公司，再到好莱坞电影制片厂，从外科医生到治疗师，再到律师，他们控制并试图维护的大多是特定企业和行业的垄断权力和特权。这些权力和特权的持有者以专利、商标和版权法，以及许可要求实施控制，并正试图在世界市场上强制执行许可要求。

这意味着，真正的自由贸易体系将降低垄断利润或经济租金，例如美国制药业巨头的利润或脑外科医生的服务租用金。取消租金，允许行业或专业领域的自由竞争，收入的不平等必然会下降。同样，版权和专利保护的减少会导致书籍、电影和创新产品的价格下降，因为世界将迅速仿制和复制那些它认为有用的东西。

当然，这一论点的前提是，上述保护措施没有起到任何成效。这是美中不足的事情。研究表明，就制药业而言，大量资源被投入到旨在保有和延长专利保护的创新上。但另一方面，是否每个国家都同样有能力培养出训练有素的医务人员？每一种形式的职业证书的互通性是可取的吗？还是会让本国失去对服务质量的控制能力？对于这个问题，我无法做出统一的回答。

金融交易税能减少不平等吗？

20世纪70年代，耶鲁大学的经济学家詹姆斯·托宾（James Tobin）提议对金融交易征税，尤其是对外汇交易征税，当时，外汇交易被认为是造成美元币值不稳定的主要原因。托宾认为通过惩罚短期投机行为，鼓励投资者通过持有资产来逃税，从而实现"在金融市场的齿轮中塞沙子"。据有效推测，与现在不同的是，在20世纪70年代，交易员必须在本国市场进行交易，很难仅通过将交易转移到免税地来逃税，例如巴哈马群岛和开曼群岛。

从那时起，"托宾税"（Tobin tax）就成了世界各地反不平等运动的标志性象征，这些运动都相信托宾税可以作为一种为国际发展援助和其他慈善事业（以及再分配）创收的有效途径。甚至一些国家的保守政府（尤其是德国）在原则上也支持这一想法，这可能是对流行观点的一种让步，也可能表明他们的结论，即税收实际上不会带来收入的大幅增加，也不会在短期对全球金融文化内带来大的改变。

托宾税似乎确实对金融市场最近出现的一种无法外包的现象产

生了重要影响,那就是高频交易系统的建立,通过拦截普通投资者的买卖指令,有效地"抢在"他们前面买卖。这些系统需要在交易所投入大量计算机,因为它们依赖于电子信号以接近光速移动所需时间的微小差异。这些系统纯粹是掠夺性的,让它们无利可图并将其关闭将是一个极好的政策。然而,从这些系统中获得的财富在极少数人手中积累,因此,对工资和收入不平等的整体结构造成的影响尽管有,但可能相当小。

工会和最低工资能减少不平等吗?

一种更广泛的政策研究是关注劳动人口的工资收入,其理论依据是,如果劳动人口的收入高而平均,那么整个社会就不会保持高度不平等。一个信奉平等主义的劳动人口将会自行平衡经济产出,并将产生具有平等主义价值观的政治力量,人们可以指望这些力量来控制依然存在的富豪统治的过度行为。

或许有三种基本方法可以为劳动人口创造一个平等的工资结构。第一,广泛的工会组织、集体谈判和稳定的工资结构,工资结构的差别主要取决于资历和文凭。第二,立法制定高最低工资标准,这样那些没有强大谈判优势的人能获得基本水平的工资保障。第三，多年来，包括奥地利、澳大利亚和爱尔兰在内的一些国家实行了全国性的工资谈判，以确保共享的工资增长模式和更加平等的分配。即使在美国，在 20 世纪五六十年代也主要依赖"讨价还价模式"。在工会领导的汽车、钢铁和橡胶行业，20 世纪 60 年代的一项国家政策是，工资增长（考虑通胀因素后）必须与平均生产率和预期增长率相匹配。

毫无疑问，拥有强大工会和高最低工资法的国家（相对于该国的平均生产率而言）比其他国家更加平等。在资本主义世界，少数几个有全国性工资谈判的国家，相对于其收入水平而言，其不平等程度是最低的。更广泛地说，工会在许多方面支持平等主义的社会制度，包括社会保险和其他惠民项目。正如 20 世纪 70 年代末 80 年代初以来的美国那样，工会的削弱和瓦解导致了经济不平等的增加。

教育和职业培训能减少不平等吗？

经济学家、政客和普通大众普遍认为教育投资能提高技能水平，降低受教育程度的"溢价"。如果市场经济学原理适用于劳动力、工资和技能定价，其结果应该是一个更加平等的劳动力市场。

事实证明，20世纪前30多年的高中教育的普及导致了后60多年工资结构的"大压缩"（Great Compression）。然而，工资结构大多数的变化实际上发生在第二次世界大战期间。1999年，笔者和托马斯·弗格森（Thomas Ferguson）对1920—1947年工资变化的原因进行了全面分解。研究表明，超过90%的工资变动与教育或技能水平无关。结论如下：

> 二战期间，农村和公路上辛勤劳作的、没有真正技能的工人的工资大幅增长，而这并不归功于任何巡回交流计划[*]。毫无疑问，他们工资的惊人增长无疑是需求增加的结果，而需求是由创纪录的财政赤字和约1 000万男性受雇于政府产生的。研究结果几乎颠覆了新教意识形态和传统的教育与劳动力市场理论，因为其主要受益者为数百万功能性文盲^{**}或许多受教育程度最低的工人。尽管这种工资结构是在国家紧急状态下建立起来的，却在战后持续了一代人的时间。

近年来，有人声称，提高教育水平将削弱高收入者享有的工资和收入优势，这种说法存在两个问题。首先，美国收入不平等加剧是由

---

    * 巡回交流计划（roads scholarship）指某些公司会提供员工到其他地区或者海外短期学习进修的机会。——译者注

    ** 功能性文盲（functionally illiterate）在美国泛指不具备阅读实用文字（如报纸、菜单、商品介绍、征聘广告等）能力的成年人。——译者注

先进行业的收入优势造成的，但是这个收入优势并非来自工资，而是来自公司的所有权，以及公司的市值即股价。声称恰好拥有某家公司股票的人在某种程度上是技术和天才的典范，这种说法是科技公司公关的普遍说辞，但把这种说法当真却是另一回事。

另一个问题是，为应对过度供应而进行的工资调整的说法，严重地错误地描述了最高级、薪酬最高的经济部门的雇员的收入动态。这些领域的公司不从事常规生产和服务，而工资成本才是根本问题。同时，它们正在竞相开发新产品和新技术，以便在短期内主导一个高度流动和瞬息即逝的市场。毫无疑问，在这些领域，企业通过雇佣廉价员工而在这场竞争中取得成功，同样，也没有人相信在这一领域只要降低工资就可以找到工作。相反，在这些"赢家通吃"的领域，公司通过向行业中最优秀的人支付高薪来竞争，而那些拥有相应声誉的人才的薪酬将会飙升，这类公司实际雇佣的人数仍然很少。

在这样的市场结构下，接受高级技能领域的教育，如计算机程序设计或电气工程，与掌握种植苹果或橘子的技能对市场来说是不同的。前者有点像买彩票：回报可能是巨大的，但只有一小部分人才能受益。

美国教育机构的结构也往往与传统的表述相悖，传统的表述往往用"受教育年限"衡量"技能"水平。正如所有美国人所知道的那样，现实情况是，受教育年限并不等同于技能水平。美国的各级学术机构等级森严，学位的价值在很大程度上取决于提供学位的机构的含金量。因此，高等教育加剧而非降低了不平等。

这一讨论引发了对教育作用的最终反思，经济学家们倾向于（或许是错误地）将教育视为一种好的投资。假设人们不是把教育当作一种消费行为，而是投资自己的行为，如果是这样，各级公共教育确实减少了不平等。公共教育以低价或零价格向父母提供孩子的教育。很多人都很重视这种消费品，但如果不是低价或免费，他们就负担不起。因此，这完全等同于增加家庭货币收入，而且是高度累进的，因为对那些原本收入较少的人来说，比例效应在他们身上要大得多。

累进所得税能减少不平等吗？

提高生活水平的一个更直接的方法是对收入征税，对那些收入更高的人征收更多的税。累进所得税就是通过提高高收入者的税率来实现这一目的。即使股息税和资本收益税相当低，也会产生类似的效果，因为这类收入只有拥有资本性资产的人才能获得，因此对穷人的影响为零。销售税和增值税更多地落在那些消费占其收入比重较大的人身上，因此会产生相反的效果，但它没有被记录下来，我们将在后面讨论。

在第二次世界大战期间以及随后的 25 年里，累进所得税的最高税率一直居高不下，最高收入人群的最高税率达到了 92%。在战争时期，如此高的税率的目的并不是为了征税，它旨在劝阻企业支付任何超过适用最高税率工资等级下限的工资。其根本目的是防止战时牟取暴利，因为暴利行为会严重影响军民士气。由于战争时期几乎所有的高收入都是由公司支付的，所以这项政策非常有效。战争期间，高收入在很大程度上得到了控制，而底层的物价控制和工资增长也都做得很好，妇女就业大幅增加，家庭收入和家庭消费空前平等。

在和平时期，不可避免地会出现问题。游说者们设法让国会批准为某些特定的目的而减少申报收入，例如石油或木材的"损耗"。利润丰厚的公司想方设法把这些钱花在让高层领导享受舒适的生活上，让他们可以享受市中心的摩天大楼、顶层公寓、行政套间、公务舱和休闲场所，而且全部是免税的。此外，某些个人由于缺乏公司的保护，也会受到高所得税税率的影响。例如，顶级男女演员和其他演员、律师及其他专业人士、作家、艺术家以及一流的运动员，他们可能会觉得自己的收入来源于特殊的个人价值、努力和吸引力，因此不应被纳入旨在防止牟取暴利的政策措施之内。《1986 年税收改革法案》显著而明确地降低了最高税率，其幕后的三个关键推动者是前职业运动员、众议员杰克·坎普(Jack Kemp)和参议员比尔·布拉德利(Bill Bradley)，以及前电影明星、总统罗纳德·里根(Ronald Reagan)，这可能并非偶然。

然而，所得税仍然是累进的，对许多国家来说，通过比较总收入和净收入的基尼系数，可以直接衡量税收对可支配收入的分配公平性的影响。对于先进的社会民主国家来说，其影响约为10%—15%。对美国来说，这个数字要小一些，但仍然相当可观。另一方面，对大多数发展中国家和转型经济体来说，这种影响几乎为零，因为税收并没有显著削弱富人对中产阶层和穷人的优势。

社会保障制度能减少不平等吗？

美国有大量的社会保障项目，其中最主要的是社会保险、医疗保险和医疗补助，其他包括失业保险、营养福利、存款保险以及劳动所得税抵免。劳动所得税抵免是为就业机会不均等的劳动者提供的一种"实际工资保险"。其中，社会保险是最重要的，虽然它主要是一项养老计划，但也包括残障保险和遗属福利。大约三分之一的社会保险福利支付给了遗属，特别是受益人的子女。

从直觉上看，社会保险减少了不平等。毕竟，社会保障体系对不需要赡养父母的劳动者征收了一项税——工资税，而对那些没有孩子的老人每月支付一笔福利金。这些老人如果有孩子，那孩子们可能会愿意并且有能力赡养老人。这有利于促进公平：第一，没有父母的工薪阶层比有父母的工薪阶层负担更轻；第二，有子女抚养的老人比没有子女抚养的老人生活得更好。在这两种情况下，该制度的作用是承担了以前强加于家庭的负担，将家庭的负担转嫁给整个社会，家庭成员享受的福利标准部分取决于其需要，部分取决于过去的工作和收入。

尽管如此，人们必须谨慎对待数据计算的社会保障制度对不平等影响的准确性，原因有两个。首先，社会保障的筹资机制来自工资税，工资税是有上限的，目前为每年 11.7 万美元。那些收入超过上限的人，其收入超过上限的部分不需要缴纳社会保障税，因此，他们的实际税率更低。其次，那些有非工资收入的人，不用为这些收入缴纳社会保障税，比如资本性资产收益。因此，工资税是累退的，与不缴纳工资税但仍享受社会保障福利的情况相比，工资税会加剧可支配收入的不平等。

谁是获利方呢？这里需要做一点反思。对于有一定收入的家庭来说，如何确定公共养老金的数额以供养年迈的父母？在大多数情况下，这取决于家庭原始收入水平。公共养老金的作用是使该家庭的可支配收入更接近平均值，从而减少总体收入不平等。但是现在假设年迈的父母没有为孩子的家庭贡献收入，而是骑上摩托车或驾驶房车，前往佛罗里达州西部或得克萨斯州南部一所阳光明媚的新房车营地，那么情况会如何？这种情况意味着有两个家庭，而非一个家庭。第一个家庭，少了一张吃饭的嘴，少了一个需要照顾的人，比没有社会保障之前的生活要好一些。然而，第二个家庭的收入则非常低，实际上处于贫困的边缘。尽管每个参与其中的人都比以前过得更好，因为他们自由地选择了独立的生活，但总体上的家庭收入不平等反而加剧了。

在这些数据中，正如我们之前看到的，有一个概念叫做市场不平等，它表示市场来源的家庭收入不平等，即薪酬资本资产的收益不平等。在所有发达国家，这一衡量指标都非常不平等，收入不平等的概念由"市场"转向"总量"后基尼系数大幅降低。但正如我们刚刚看到的，即使社会保障有助于降低不平等，但与社会保障带来市场不平等的加剧相比，这种影响可能很小。因为，由于公共养老金是非市场化的，它们创造了一些原本不存在的家庭，在许多情况下，这些家庭的市场收入为零。这并不是一件坏事，但却给数据使用敲响了警钟。

大量独立的、不工作的老年家庭的存在对数据产生了另一个有趣的影响：收入最低的10％家庭的市场收入完全来自资本性资产。这些家庭很可能根本不贫穷。他们只是退休了，有已偿还完毕的抵押贷款和适度的现金流，有足够多的储蓄，还有社会保险和医疗保险。由于大量富裕的退休人员的出现，可能导致家庭市场收入不平等的增加，在评价数据中的这种变化时，必须加以观察和考虑。

医疗保险对收入不平等的影响是另一个无法衡量的因素。再一次说明这是税收问题。尽管在医疗保险的案例中，最近的法律取消了其上限，但由于不涉及非工资或薪金收入，该税仍然是累退的。那么谁能得到好处呢？它们只流向那些生病的人，以及那些由政府支付账单的人吗？还是应该把它们当做每个人收入的一部分？因为防止因医疗问题导致家庭破产是健康的人和生病的人共同分担的，或者，这些福利让医疗服务人员受益，如医生和护士，他们从中得到报酬以支撑自己过一个不贫穷的生活。这些都是形而上学的问题，无法做实证分析，这并不意味着它们是没有意义的问题，只是我们在寻找对于不平等数据的最合理的解释。

降低销售税能减少不平等吗？

最后，我们分析销售税和增值税对家庭收入不平等的影响。毫无疑问，这些税收是累退的，因为它们落在消费而非储蓄上，而且储蓄是那些收入超过支出的人的特权。但这种递减效应如何影响不平等的衡量呢？

答案是：没有影响。销售税不会影响市场收入及其不平等。它们对转移支付和养老金没有影响，因此对家庭总收入的不平等也没有影响。而且它们对"税后"可支配收入也没有影响，因为可支配收入是总收入减去直接税。简言之，可支配收入是你带进商店的钱，但销售税是由你选择购买的商品决定的。销售税会减少最终消费，但最终消费的不平等并不在我们的计算范围以内。

因此，尽管我们付出了所有的关注和努力，但在政府政策对最终家庭福利分配的影响方面，我们似乎仍然缺少一个重要的衡量因素，而且这个讨厌的因素对穷人的危害远远大于富人。

但另一方面，消费标准的千差万别真的是由累退的销售税造成的吗？这一点很难清楚的回答，在美国这样一个零售业混乱无序、人们可以以低关税和低价格买到廉价的进口商品的社会（尽管欧洲的情况要差得多）。这可能是贸易政策、收入不平等和销售税的共同作用的结果：在美国表现为鼓励开设折扣商店，打折售卖有钱人在精品店和百货公司里可以买到（但不是想要）的商品，面向的消费人群是中等收入水平的人，以此来提高每个税收单位的消费（二手车、家具和许多其他商品的市场也是如此）。从这个意义上说，物质消费的差异并不大，收入不平等的后果主要在于与购物体验相关的便利设施和日常生活的其他负担的差异。

结论

应该把减少家庭收入不平等作为一个政策目标吗？答案或许是肯定的。因为工资和薪酬不平等程度较低的经济体通常运行得更好，也被其居民视为更公平。更高的最低工资标准，更高的工会覆盖率，以及劳动所得税抵免似乎没有什么负面影响。累进税可以抑制过高的税前收入，并在收入差距过大发生时帮助缓解造成的影响。社会保障制度保护弱者和弱势群体，从这个意义上说，它肯定降低了整个国家的不平等。

但就渐进式政策对家庭收入不平等的具体影响而言，答案必须是有条件的。美国的案例表明，有足够多的原因解释为什么降低收入不平等的政策并没有使得美国更加公平、公正和繁荣。特别是如果在一个公平的社会里，我们重视人们依靠与其生活水平相适应的收入独立生活的权利。重要的是要记住，一些最重要的平等主义政策，比如社会保障，可能会也可能不会降低基尼系数。但这个事实，如果它是事实的话，并不会减弱政策的重要性。

在这一领域仍有许多谜题和挑战。就让我们去钻研学习吧，谨慎地。

第十一章　财富与权力

亚当·斯密说:"正如霍布斯所言,财富即权力。"这是有关财富问题的经济评论的开始和结束。权力也是如此。

到目前为止,我们这本书只略微触及了财富的讨论,因为尽管这是一个庞大而重要的话题,但财富的定义是不确定的,对财富的衡量是困难的,数据是稀缺的,结论在很大程度上取决于选择什么样的研究方法。尽管对工资和收入的研究也有各种限制,但相比财富现有的资料要多得多,因此,财富方面的研究在未来有可能取得更大的进展。

什么是财富?

如第 1 章所述,财富通常被定义为金融财富,即手中的现金和可流通资产的货币价值。但财富也包括无法轻易出售的有形资产和非流动性资产，如土地、房屋、名画、珠宝、总统的签名信件和古董乐器。财富还包括收入和社会福利，这些福利不能被交易或存在相当大的阻碍，包括社会保障、医疗保险、医疗补助和类似的公共项目。对于一些经济学家来说，不可剥夺的学历（如大学文凭）和职位（如大学终身教授职位）的预期价值也应该包括在内。然而，没有任何已知的数据库能估算出这些东西的价值。以这些资产为抵押时，必须减去债务的价值；净财富或净资产就是两者的差值。

事实上，世界上绝大多数人口没有任何净金融财富。大部分美国人也没有净金融财富，非洲裔美国人和移民家庭尤其如此。即使是中产阶层，其金融资产的价值可能也比抵押贷款的价值要小。即使是一

最富有的 1％，以及随后的 9％ 和底层 90％ 的人群持有的资产和负债所占比例

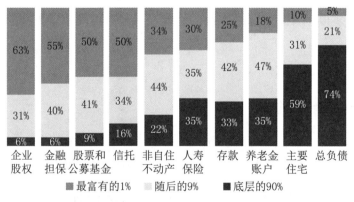

图 11.1 美国居民所持资产和负债的份额：按十分位数分组

资料来源：纽约大学爱德华·沃尔夫（Edward Wolff）。

个相对富裕的中产阶层家庭,有一到两份稳定的工作,有自己的房子,生活无忧,也只有很少或没有(甚至是负的)净金融财富。事实上,这是一种非常普遍的情况,他们被称为"有房子的穷人"(house poor)。净金融财富在很大程度上是富人的特有财富。与此同时,债务是那些不属于顶层的人的标志,如图 11.1 所示。

美国的财富是如何分配的?

可见,财富比收入更为集中;过去如此,将来也会如此。然而,这种集中程度在很大程度上取决于财富的定义。金融财富是最不平等的。而住房财富的持有要平均得多,大约 60％的美国家庭拥有自己的房屋,并且住房曾经被认为在正常情况下的一种净资产,被称为住房财富。

社会保障、医疗保险和医疗补助是大多数老年人持有的主要财富形式,而获得医疗补助和其他形式的公共援助可能是穷人获得的唯一"财富"形式。但这些东西真的是财富吗? 有人可能会认为不是。但我们应该比较的不是针对富人的状况,而是针对低收入家庭如果无法享受这些政策将面临的状况。显然,低收入家庭的情况会糟糕得多,因此这些保护他们的公共项目就是财富。

社会保障和其他保险项目经常遭受批评，因为它们把金融债务强加给了政府，因此也强加给了国家。如果把测算时间延长到 75 年甚至更长，按照低贴现率计算，这种"或有负债"之大可能会超乎你的想象，经常高达数万亿美元。然而，复式记账法告诉我们，如果存在或有负债，那么在某个地方一定有相应的资产。在这种情况下，这种资产是美国劳动人口的"或有财富"，如果他们足够幸运且活的足够长，他们将在未来几年享受社会保障福利和医疗保障。既然今天"被欠下"社会保障的劳动人口日后也会获得福利，很难理解为什么他们会抱怨这种"国家"负债，因为对他们来说，这其实是一种财富。

如何衡量金融财富？

金融财富的衡量和分配是最容易研究的，人们只需要对金融投资组合进行市场估值并加以比较。这就是我们"知道"比尔·盖茨是（或者曾经是）"世界首富"的原因。我们知道盖茨的财富，因为我们知道他持有的股票，主要是微软的股票，而且我们知道该股票在任何时候的市场价格。盖茨的投资组合是用一个数字乘以另一个数字计算出来的。

但是盖茨先生真的是"世界上最富有的人"吗？难道没有哪个控制了世界上最"值钱"资源的石油酋长比他更富有吗？难道就没有拥有大量隐蔽的土地，或者拥有航行在公海上但无人知其价值的船只的大亨吗？难道没有哪个俄罗斯寡头比盖茨有钱吗？这一点我们不能肯定。考虑到苏联解体后俄罗斯财富的被掠夺程度，可能有相当多的人比比尔·盖茨有钱得多。盖茨先生的金钱地位可能部分是因为美国法律要求一定程度的信息公开，而在其他国家则不需要，或许还有部分原因是微软公司以宣扬其 CEO 的成功作为一种营销方式。在美国科技界，很少有大型企业的领导人反对公众关注他们的财富。相比之下，在德国，许多公司是私人所有，财富的巨大收益主要以未实现的资本收益的形式出现，它们没有记录，没有披露，也没有纳税。

话又说回来，盖茨先生所有的财富真的都"在那里"了吗？想想他在创立比尔及梅林达·盖茨基金会之前的处境吧。他的财富主要集中在持有的大量微软股票上。他能以市场价格卖掉手上的股票吗？当然不能。股票要按边际价格估值。少量的股票可按现行价格成交，但如果有更多股票出手，价格就会下降。如果在盖茨的身家达到 500 亿美元时，他试图将 40％的资产转化为现金，那么他赚到的钱将远远少于 200 亿美元，而他持有的其余资产将化为乌有。像比尔和梅琳达·盖茨这样的人最终将他们的财产转移到基金会的一个原因是，为预防出现始料未及的应税事件，比如遗产税，这将迫使他们进行私人资产的清算，而清算会对财产价格造成灾难性的影响。

以公司股票的形式给高级管理人员发放薪酬的做法，在公司内部的薪酬分配中产生了一种有趣的反常现象。在高级管理人员挣工资的国家（比如日本），公司平均工资与 CEO 的薪酬之比通常是 30 或 40 比 1。这是一个不错的差距，但与 2000 年美国 500 强企业中普遍存在的 411 比 1 的差距相比就微不足道了。反过来，这种差异是科技行业的少数几家公司造成的，它们在当时的淘金热中达到了极高的估值。大金融危机之后，这一比例在 2009 年降至 181.5：1。

比较 CEO 和工人的工资是研究收入不平等的通常做法，但需要注意两个事实。首先，在任何时候，在世界 500 强企业的 CEO 的职位都只有 500 人，而且平均薪酬数据被少数处于最顶端的人严重拔高。因此，这个问题在任何时候都只影响到一亿多家庭中的一小部分。其次，CEO 并不是社会中收入最高的人。例如，与相当多的对冲基金经理和私募股权大亨相比，即使是在最大的银行和公司里，仅仅做管理工作的 CEO 的收入其实很普通。

但是那些非常富有的人想要隐瞒的事情往往会被隐藏起来。

财富如何转化为权力？

让我来告诉你。

在美国，确实存在竞选捐款，但这只是故事的开始。

他们有能力游说国会、白宫和监管机构。

他们有能力为失业的官员提供就业机会，并将这些官员安置在政府（高盛政府，Government Sachs）的高位。

他们有能力控制两个主要政党的提名程序，这样所有的选举选择都是在捐赠者阶层可以接受的候选人中做出的。

他们有能力控制大众传媒，有能力影响教育系统。

他们有能力压制引起麻烦的人群的投票。

正如霍布斯所说，财富的确是权力。

征收金融财富税会如何？

在《21世纪资本论》一书中，托马斯·皮凯蒂提议对金融资产征收年度累进税，以此减少世界经济中的不平等现象，此举引起了轰动。他的想法是，每年对金融财富的市场估值进行一次评估，然后（大概）按每个国家的财富比例征收一小部分税款。当然，税收必须在全球范围内统一实施，否则，财富只会从征税的辖区流向不征税的辖区。

如果必须在全球范围内征收这样的税，会带来什么后果呢？首先，如何进行估值：按年计算，一个特定投资组合的资产价值是多少？它是给定日期当天的价值吗？在这种情况下，人们可能会预期：随着他们从应税资产转向非应税资产，资产价值在缴税日期之前会下降，此后会上升。还是应该按照一年的平均值进行估值？在这种情况下，可能需要逐日甚至逐分钟记录资产价值。

此外，假设税收已经实施，则需要对投资组合进行持续估值。在这种情况下，为了纳税，股票和债券等非货币金融资产将根据其市场价值征税。例如，比尔·盖茨身价 1 000 亿美元时，可能每年必须拿出 15 亿美元的现金。他从哪儿弄来这些税金？或许通过卖掉微软的股票，其结果肯定会降低微软的市场价值，进而降低盖茨的市场价值，因此也会降低他的纳税义务。那么降低多少呢？这很难说，这将取决于此类抛售对公开市场上股票的影响，取决于当时是否有买家。但如果盖茨持有微软 70％ 的股份，那么 1.5％ 的股份将转化为剩余股份的 3％ 以上。这足够让股票下跌吗？这不一定。

这种想法引发了一个问题：强制对生产性资产进行部分清算并压低其价格，到底是为了实现什么公共政策目标？除了对金融财富分配的影响之外，我们想不出还有什么别的了。

无论如何，正如皮凯蒂承认的那样，这个提议是"乌托邦式的"。如果这个提议是乌托邦式的，那就是徒劳的同义词，那为什么还要去做呢？思考实验固然很好，但不应在这上面花费太多的时间，而牺牲了提出实际有效建议的时间成本。

征收土地税会如何？

征收土地税，包括地下矿产和能源资源税，是比金融财富税更古老、但沿用至今且更有前景的选择。这一观点背后的经济理论是李嘉图租金理论——即租金（本质上是非生产性的）流向固定和不可再生资产（即土地）的所有者。土地和矿产是一种最不合理的财富积累的来源，对土地和矿产征税对资本投资和雇佣劳动力市场决策的扭曲最小。征收土地税还有另一个优势：与金融财富不同，土地是固定不变的。它存在于有登记所有权的固定司法管辖区，所有的税务部门需要做的就是派一个鉴定人来，然后开具一份账单，地方财产税就是这样运作的。然而，在美国，土地所有者一直强烈反对征收土地税，许多州通过立法禁止在全州范围内征收财产税。众所周知，20 世纪 70 年代末，加利福尼亚州给地方财产税设置了上限，投票表决时受到了富有的土地所有者利益集团的强烈支持。

一个世纪以来，土地税一直是 19 世纪美国经济学家亨利·乔治的追随者们的主张，一个世纪前他在世界各地的影响力很大。他的追随者之一是中国革命家孙中山，他在 1911 年建立了中华民国。毛泽东时代的中国，通过早期的土地革命，将乔治的主张付诸实践。并且在中国，政府实际拥有土地，收取地租。中国的省（市）因此获得了足够的财政收入来实现资本增额，这就是为什么中国的城市能够在改革时代像雨后春笋般发展，而没有像其他发展中国家那样变成贫民窟，许多国家城市化进程的命运就是如此。随着环境的改善，房价上涨，地租也上涨。因此，中国也能够对销售、工资或收入少征税甚至免税，因为土地租金为政府解决了很大一部分的资金需求。

遗产税和赠与税如何减少不平等？

在过去的一个世纪里，美国的一项税收在控制私人财富增长方面发挥了重要作用。这就是遗产税和赠与税，是西奥多·罗斯福在反托拉斯时期提出的。遗产税和赠与税征收的税率很高，近年来，对价值超过一定门槛的房产征收高达 55％ 的遗产税，不过如今的税率相对降低了一些。遗产税只在地产所有人去世时征收一次，在剩余财产分配给继承人之前由遗产支付。

遗产税背后的原则是：应该允许第一代创始人积累财富，作为对他们的才能或运气的奖励，但为了避免代际固化，后代不应该无限制地享用创始人的财富。

更进一步来说，如果将财产捐赠给授权的非营利机构，如医院、教堂、博物馆、图书馆或大学，或者在持有者去世前捐赠给慈善基金会，那么就可以完全免税。这种制度安排，似乎在其他任何地方都不存在，但对美国的公民和文化生活产生了深远的影响：多年来把大量资源转化为建筑、奖学金和医疗设施。在很大程度上，它有助于提升包括公立大学在内的美国大学的质量。与此同时，将积累的财富仅仅循环投入到建筑业和就业领域，就创造了美国约 8％ 的就业，这也是现代美国相对于欧洲失业率较低的部分原因。

遗产税和赠与税是从长远角度考虑财富积累问题。理论上，财富积累的动力不能也不应该受到压制。但与此同时，当它们落入那些拥有巨大财富的创始人所孕育的享受特权的、无能的、懒惰的孩子们的控制之下时，积累的财富本身就变得具有破坏性。大量无可辩驳的证据表明，西奥多·罗斯福总统对这个问题的判断是完全正确的。

题外话：经济平等会带来战争的胜利吗？ [*]

并非所有的经济或政治问题都仅限于带来经济影响，但也并非每个人都需要知道不平等的方方面面。因此，我们现在放弃到目前为止使用的一问一答形式。在最后一节，我们将讨论一个次要的问题，但这个问题可能会引起读者的联想，就像笔者和几个有才华的学生工作时所联想到的那样。

问题是：平等主义社会在战场上是否比不平等的对手做得更好？这个问题的产生，部分原因在于人们普遍认为战友情谊是一种军事美德，部分原因在于我们偶然观察到的战时动员往往具有根本的均等性，部分原因在于政治科学文献中类似的"民主胜利"假说的兴衰。

在一本关于十年暴力的开创性书籍中，丹·雷特(Dan Reite)和安

———————

   * 本题外语改编自詹姆斯·K.加尔布雷思(James K. Galbraith)、科文·普瑞斯特(Corwin Priest)和乔治·珀塞尔(George Purcell)的《经济平等与战争中的胜利：实证研究》("Economic Equality and Victory in War: An Empirical Investigation", Defense and Peace Economics，2007，18(5)：431—449)。

伦·斯塔姆(Allan Stam)(2002)指出,政治民主有"第四种美德":战争的胜利。他们把其主要归因于更好地选择何时发动战争、更好地发挥军事领导作用,以及战斗部队更高的士气和更强的责任感。当表面民主的美国袭击阿富汗并准备入侵萨达姆·侯赛因领导的伊拉克时,这种假设显而易见。

军事决策可能严重依赖于单一变量的想法很有吸引力。然而,即使允许对民主的定义有弹性,民主国家与非民主国家之间的战争也没有那么多。雷特和斯塔姆的整个案例只基于 1816—1990 年 34 个处于战争状态的民主国家的例子,其中只有 15 场战争是民主国家发起的。在 34 场冲突中,在民主国家发生的冲突有 26 起,占 74%。只有当雷特和斯塔姆区分战争的发起者和目标方时,民主国家的胜利概率才会上升到 93%,也就是 15 个案例中的 14 个,也不是很高。

民主或许可以解释一部分战争的成败,但另外一个变量的作用可能更大。

平等是否有解释力?

从研究的角度来看,平等主义胜利假说比民主假说有几个显著的优势。最值得注意的是，它原则上适用于主要战斗双方定义明确的所有战争。一方总是更平等，另一方总是更不平等。在局部战争或全球战争的情况下，这种比较可能（没那么有把握地）适用于明确界定的两两对峙的军事战线。这种限制不是概念上的，而是度量上的。

平等主义胜利假设也避免了民主胜利所面临的棘手问题，即区分"发起者"和"目标方"。这一区分是必要的，可以为民主国家输掉战争的情况开脱，战争本可以避免。平等主义胜利假说指的军事决策时的情况，与指责哪方为战争的发起者无关。这一假设还允许战争中发生经济情况的变化。

为什么较平等的交战方可能享有军事优势呢？原则上有三个原因：第一，平等主义国家社会更加团结，因此有更好的军事士气。[1]第二，不平等的国家常常以牺牲应对外部威胁的效率为代价，加强本国军事力量以应对国内的政权安全。[2]第三，高度不平等的国家面临着较低阶层的忠诚问题。一个平等主义的对手通常会被至少相当一部分人视为解放者，拥有这种优势的审慎的政党将会利用这一点。

有三种比较经济不平等的途径。第一，在某些情况下，可以直接衡量比较经济不平等。第二，在某些情况下，可以通过类比衡量或其

---

① 例如第二次世界大战期间的美国和苏联的军队正是如此，尽管同属协约国的英国的情况稍差些。

② 比如吴廷琰（Ngo Dinh Diem）的越南共和国军队，但他们的军事力量可以成倍增加。

他政治经济证据进行合理推论,从而比较经济不平等。第三,在某些情况下,可以通过文学或历史资料推论比较经济不平等。

综上所述,平等主义胜利假说的证据非常充分。此外,追求自由的市场经济政策①(往往会加剧不平等)可能会削弱巩固和实施这一政策所需军事力量的效力。相反,即使相对贫穷的人民联合起来抵制自由市场、跨国公司和推动这一进程的雇佣军的侵犯,也可能享有迄今未被注意到的军事优势。

平等主义胜利假设指的是两个国家之间发生战争,经济上更平等的一方通常占上风。因此,有必要明确三个定义:国家、战争和经济平等。

首先,我们只研究现代意义上的国家之间的战争。希腊城邦、帖木儿的黄金游牧民族、墨西哥的阿兹特克人和秘鲁的印加人都属于我们研究的范畴。而切诺基族、祖鲁族或马赫迪军等部落则不在研究范围内,尽管他们有着平等的社会结构,而且在许多情况下拥有相当强的战斗能力。可以把它们称为"城邦",但称为国家似乎有些牵强。只有在拥有国家地位的领土实体之间的战争才有资格称为内战:可以有美国内战的说法,但是不能有西班牙内战的说法。

战争指的是有组织的军事力量之间的冲突,不包括政变和民族解

---

① 在美国之外,被称为"新自由主义"经济政策,或"华盛顿共识"。

放运动,除非它们被界定为两国或多国冲突的一部分,如越南战争。屠杀、暴动和革命也不是战争。我们从 1815 年至今的战争相关因素数据库(Correlates of War data set)中获得研究对象的候选列表。

最后,定义经济平等。研究的重点是经济收入结构,特别是薪酬的相对平等,因为这是我们衡量一个国家社会结构的最佳标准。对于这个变量,目前存在最直接、最可靠的跨国数据,从而有机会对早期的情况作出合理的推断。

平等与胜利：1963—1999 年

第一份证据包括 1962 年至今公认的 32 个国家之间的国际冲突。对于每一场冲突,UTIP-UNIDO 对冲突结束的年份或国家退出冲突的年份的工资不平等的衡量标准是适当的。在 32 次冲突和 42 次可能的两两比较中(在多党战争的情况下),获得了 23 次冲突和 31 次对比的实际数据。①

简而言之,大多数情况下,在 42 个两两对比中更加平等的国家似

① 对于只能获得冲突停止时长的数据,我们采用可获得的最接近的方法推算冲突停止年份的数据。在 31 项比较中,13 项使用了估算数据,推算数据的中位数间隔为 2 年。由于数据有 11 年的差距,我们并未讨论毛里塔尼亚—塞内加尔边境战争。

乎赢了 29 次，有 5 次无法判定，只有 8 次例外。在例外情况中，三个与印度和巴基斯坦有关，两个与塞浦路斯有关，还有一对数据（1991 年的沙特阿拉伯—伊拉克）让一个在一场显然由美国武装部队决定的战争中处于次要地位的国家参与其中。如果数据是正确的，印度—巴基斯坦的案例偏向民主胜利假说而非平等主义胜利假说，但它们是迄今为止唯一明确的例子，而且无论如何，只有在 1971 年巴基斯坦的失败才是决定性的。当时，巴基斯坦包括现代的孟加拉国，是一个比西巴基斯坦贫穷得多的地区，尽管实际上不能这样衡量不平等情况，但这些地区合并起来可能比印度更不平等。

在这些可衡量的冲突中，相当大的一部分是中东的对峙，一方是以色列，另一方是各阿拉伯国家。在早期，以色列有着强大的集体主义的传统，它曾多次战胜了较大的君主政体、寡头政体和独裁政体。最近，以色列的敌人已成为禁欲主义者和平等主义者，就像过去的犹太复国主义一样，而以色列却经历了我们所观察到的最大程度的不平等增长。与此同时，以色列的相对军事效率明显下降：被真主党从黎巴嫩南部赶了出来，也没能击败加沙地带的巴勒斯坦抵抗运动，而后者的有效领导权已从独裁的法塔赫运动移交给奉行禁欲主义的哈马斯。

这种方法的价值在于在 31 次比较中，有 13 次战争民主胜利假说无法做出预测，因为涉及的都不是民主国家。而平等主义胜利假说正确地预测了其中的 11 个。①

由于战争总是涉及更平等和更不平等的双方,平等主义胜利假说不需要区分发起者和目标方,这种区分在任何情况下都太容易被操纵以致并非完全可信。

总之,对现有的关于平等的最优数据的分析表明,它能够很好地预测国与国之间战争的成功与否。该分析还表明,与民主胜利假说相比,平等主义胜利假说应用的范围更广,而且如果不考虑发起者/目标方的区别,平等主义胜利假说的预测能力至少与民主胜利假说一样好。

平等与胜利: 1783—1962 年

随着美国和法兰西共和国的建立,现代国家的正式登场,这两个共和国都立即卷入了对抗帝国主义的战争中,其中部分战争动用了雇佣军。美国以"人人生而平等"的理念在 1783 年取得了独立战争的胜利,而法兰西共和国在自由、平等、博爱的基础上于 1799 年出人意料地战胜了多个敌人。1812 年,羽翼未丰的美国在更加平等的加拿大遭

① 被错误预测的案例包括沙特阿拉伯与伊拉克之间的第一次海湾战争,以及埃塞俄比亚与厄立特里亚之间的战争。

受了可耻的失败，直到 1815 年 1 月 8 日，才在克里奥尔人和自由的有色人的帮助下，在新奥尔良与英国人的战斗中取得了第二次独立战争的胜利。

与此同时，法国已经从共和国倒退回帝国，随着拿破仑的帝国主义化，法国的军事力量也变得越来越弱。早在 1803 年，他就在海地被杜桑·卢维杜尔率领的重获自由的奴隶打败。要从目前的情况来判断 1812 年法国和俄国的相对平等是不可能的，但很有可能的是，与博罗季诺战役中对战的俄国相比，法兰西帝国的军团组织大多来自波兰和其他斯拉夫国家，因而不那么平等。

从双方的观点来看，美国内战是有着明确边界的领土实体之间的冲突。事实上，1860 年时的美利坚盟国* 自认为是一个独立的国家，同时也是奴隶主寡头政体，统治着并不忠诚的黑奴，他们中的许多人成了美利坚合众国 ** 的士兵，还有并不忠诚的无产的白人殖民者，特别是弗吉尼亚西部（为了留在美利坚联合众国而脱离了弗吉尼亚）和田纳西州东部（林肯 1864 年的竞选伙伴安德鲁·约翰逊就是从这里当选的）。另一方面，美利坚合众国是由规模相对较小的农民和新兴的工人阶级组成的，到 1864 年，它可以说是（继海地之后）历史上最平

---

* 南北战争时的南方政府。——译者注
** 南北战争时的北方政府。——译者注

等的共和国。卡尔·马克思清楚地看到了社会的差异，并在亚伯拉罕·林肯连任时写下了他那封著名的贺信，信的开头写道："自从巨大的搏斗在美国一展开，欧洲的工人就本能地感觉到他们阶级的命运是同星条旗连在一起的。"关于这一点，我们已经阐述得足够多了。

19世纪50年代，新兴的资产阶级国家法国和英国在克里米亚击败了衰落的沙皇俄国。1870年，法国在一场闪电战役中被普鲁士打败，这场战役在塞登结束。当时普鲁士是一个新兴的工业强国，而到1870年，法国在拿破仑二世的统治下已经是一个倒退了20年的帝国。

另一方面，到1914年，法国作为一个共和国已经有44年的历史，尽管只是一个小国家，它的工业发展已经达到了与德国相当的水平。当时已经出现了声势浩大的社会主义工人运动，可以说1914年的法国至少和德意志帝国一样奉行平等主义。它与英国的对比不那么明显，但无论如何，战时西线的战况都是陷入僵局，直至精疲力竭，直到1917年在美国这个相对平等的共和国的干预下，问题才得以解决。

在第一次世界大战的其他战线上，德国无疑比在战争初期就倒下的沙皇俄国更加平等。衰落的奥斯曼帝国是战争的主要受害者，但另一方面，从废墟中崛起的世俗的、民族主义的和相对平等的土耳其在加里波利战役中击败了英国，并在战后将希腊人赶出了小亚细亚。

1932—1935年，玻利维亚在一场被称为查科战争的肮脏冲突中击败了巴拉圭。根据 UTIP-UNIDO 的数据，巴拉圭是拉丁美洲最不平等的国家，也是世界上最不平等的国家之一。玻利维亚（以及并肩作战的阿根廷和巴西）也不平等，但没有那么不平等。不可否认，这场战争是 3 对 1，所以结果可能是多种因素决定的。

第二次世界大战提供了大量的对比。其中最重要的几场战争可能是苏联对德国，美国对日本，美国对德国和意大利，以及英国对德国。我们认为，在所有这些情况下，较为合理的情况是，较为平等的国家占了上风。正如加尔布雷思和弗格森（Galbraith and Ferguson，2001）的研究所表明的那样，在战争开始后的一年内，美国的战争动员带来了工资和收入结构的根本性平等。毫无疑问，类似的事情在英国也发生过，但在德国却没有。在德国，纳粹严格地维持着社会结构，妇女在很大程度上被排除在工业劳动力之外。

在 20 世纪 50 年代的战争中，越南和阿尔及利亚的民族主义者把法国人赶出了他们的殖民地。当时的法国是一个适度平等的民主共和国，越南和阿尔及利亚虽然不民主，但肯定更加平等。1961 年，在一次小规模的交战中，一支没有重武器武装的古巴民兵在猪湾击败了一支由美国中央情报局支持的流亡者旅。

在所有这些情况中，似乎都是更平等的一方占上风，尽管它们的工业体系要弱得多，人均收入也低得多。在上面提到的每一个案例中，平等主义都胜利了，尽管在大多数案例中，失败的一方具备民主国家的资格，而获胜的一方则没有。

简而言之，所有这一切的惊人之处在于，很容易就可以得到下述论点：尽管平均收入水平、工业发展或民主地位不如对方，但更为平等的国家通常会在冲突中占上风。令人震惊的是，很难找到明确驳斥本论点的对立案例。毫无疑问，在两国冲突中普遍存在着更加不平等的国家获胜的明确事例。但是，看看现代战争的清单，你就会发现很少有人想要深入挖掘，试图找到它们。

经典案例：从雅典到阿金库尔

伯罗奔尼撒战争的传奇是很多人都熟知的警示故事，讲述了民主与高度平等的军事国家之间的较量。雷特和斯塔姆引用了希罗多德关于雅典崛起的观点，但是当他们认为希罗多德是在谈论民选政府时，他实际上用的是"平等"这个词：

平等和言论自由显然是一件好事，这不仅体现在一件事上，而且体现在每一件事上。以雅典为例，事实证明，在王子的统治下，雅典在战争中的表现并不比任何邻国好，但一旦摆脱了这些

王子,雅典就遥遥领先了。(Reiter and Stam, p.61)

非常奇怪的是,战时民主国家的目录中没有斯巴达的名字。

很难解释布匿战争,因为罗马和迦太基都是帝国,尽管前者曾是一个共和国,而后者的势力范围更广,因此两者都不那么平等。罗马帝国的衰落则是另外一个学派的故事。阿拉里克在公元 410 年洗劫罗马的时候,罗马显然远不如侵略者平等。事实上,凯撒利亚的普罗科匹厄斯描述了罗马的不平等是如何导致其沦陷的:

> 阿拉里克从在那些刚刚成年连胡须还未长出来的士兵中,挑选了出身高贵,具有超越年龄的勇气的三百人,秘密地告诉他们,他将把他们以奴隶的名义赠送给罗马的某些贵族。他又嘱咐他们,一进了那些人的家,就要格外温柔节制,照主人所吩咐的,殷勤地服侍他们。他还指示他们,不久之后,在一个约定的中午,当所有的主人吃完饭都已经睡着了的时候,他们都去索拉利安大门,突然冲进去杀死毫无防备的守卫,然后尽快打开大门。(Procopius,1953—1954 年)

罗马和迦太基都没有出现在雷特和斯塔姆的名册中。

和亚历山大大帝的军队一样,帖木儿的黄金游牧民族、成吉思汗和匈奴大帝阿提拉也将他们巨大的军事成功部分归功于相对扁平的等级制度。各地的游牧部落比他们铁骑蹂躏的领土更加平等。

西班牙对美洲的征服同样利用了科尔特斯和皮萨罗这一小群人偶然带来的等级森严的领土帝国的分裂。另一方面，几乎没有人会怀疑伊丽莎白时代的英国比菲利普二世时代的西班牙更加平等。弗朗西斯·德雷克爵士则是普通私掠者以功绩而非出身崛起的缩影。

最后一个例子可能是最明显的。在阿金库尔战役中，英军的胜利在于约曼军团的装备胜利。其威尔士长弓手军团具备强大的远程杀伤力。而法国军队中没有类似的队伍。对此，莎士比亚在亨利五世中写道：在克里斯平的前夜，哈尔国王乔装打扮，与毕斯托尔相遇：

> 毕斯托尔：对我而言，你究竟是一名军官，抑或是一介草民？
>
> 亨利五世：我是随军志愿者。
>
> 毕斯托尔：是步兵吗？
>
> 亨利五世：说得对。你是干什么的？
>
> 毕斯托尔：同国王一样的好人。
>
> 亨利五世：那你比国王还高明咯。

结论

一般来说，民主与大多数其他形式的政府相比是平等的，因此民主胜利假说与平等主义胜利假说有一定的共同点。在案例重叠的地方,它们解释了许多相同的事情,原因也十分相似。然而,平等主义胜利假说有更大的说服力,原因如下:

第一,相对而言,民主国家很少发生战争,在那些有民主国家参与的战争中,其民主地位往往是有争议的。民主是一种理想的类型。公认的民主是一个复杂的指标,受制于方法论上的差异(比如不同属性的权重不同),民主的排名也会不同。另一方面,所有战争原则上都是在不同平等程度的国家之间发生的。不平等的衡量标准都是统一而规范的,而民主则会因衡量方法的差异而有所不同。

第二,民主胜利假说很大程度上依赖于发起者与目标方之间的准确区分。但这是一个有争议的问题。发起者可能是被激怒的,就像1914年的奥匈帝国和1941年的日本一样。无论如何,参战双方可能会书写不一样的战争爆发的历史。而平等主义胜利假说关注的是军事决策时的情况,对战争是如何开始的没有兴趣。

第三,在现代可以直接测量的情况下,平等主义胜利假说在绝大多数情况下准确地预测了结果。

第四,鉴于我们对现代社会不平等的了解,我们可以对早期战争的相对不平等做出合理的推测。虽然这种做法总是可能受到胜利者的先验知识的影响,但在许多情况下,社会制度的差异如此明显,以至于不用衡量大小也能明确判断谁更不平等。对于许多早期战争，可以从文学和历史资料中找到证据。事实上，在军事成果的经典讨论中，关于团结军事效能的重要性，以及伴随财富和等级而生的腐败，被反复强调、屡屡提及。在几乎所有这些案例中，更平等的社会都取得了胜利。

第五，也是最后一点，在少数几场战争中，民主国家与比自己更平等的国家对峙，是对这两种假说有力的检验。这几场战争包括1920年盟军远征阿尔汉格尔、猪湾事件、越南战争等。事实上，这些国家无论多么小或多么不发达，似乎都不会在军事上败给任何民主或威权国家。甚至在1999年科索沃70天战争中，社会主义的塞尔维亚也没有在战场上输给美国。那场战争最终因俄罗斯的外交干预而得以解决。

对于那些相信自由市场经济秩序可以与当今世界持续的军事统治相结合的人来说，所有这些事实带来的问题都让他们感到不安。值得注意的是，自半个世纪前在伊拉克战争中取得最辉煌的胜利后，占领国的不平等程度急剧上升。另一方面，2003年的伊拉克本身也是一个由逊尼派统治者和反叛的什叶派党羽组成的高度不平等的国家。从平等主义胜利假说的立场来看，形势发生逆转并不令人意外。

附　录

收入不平等衡量方法的技术说明

如前文所述,家庭收入不平等估计数据库是根据联合国工业发展组织工业统计数据库中的工资和就业数据,以及工业部门工资不平等的衡量方法计算得出的。工资不平等数据库被称为 UTIP-UNIDO。使用基于 UTIP-UNIDO 的 EHII 数据库,依据加尔布雷斯和库姆(2005)提出的模型进行计算:

对于任一国家 i,第 t 年的不平等指数如下:

$$\ln(Gini)_{it} = b_0 + b_1 \ln(Theil)_{il} + b_2 \, manufuturing \, share_{it}$$

$$+ b_3 \, income_{it} + b_4 \, household_{it} + b_5 \, gross_{it} + e_{it}$$

其中,泰尔指数($Thiel$)是 UTIP-UNIDO 中衡量不平等的指标,制造业工资不平等($manufacturing share$)是制造业就业与人口的比率，三个二元离散变量用于控制不平等的类型，数据来自 DS 的高质量数据库。具体来说，收入变量($income$)表示使用的数据是收入还是支出。家户变量($household$)表示使用的是住户调查数据和人均调查数据。最后，总量变量($gross$)表示使用的数据是总收入还是净收入。研究表明，这些二元变量对基于 DS 数据库的分析都有显著的影响。

对 EHII 的估计包括两个步骤。首先，在最新的版本中，我们基于 DS 数据库和 UTIP-UNIDO 数据库中 430 个恰好重叠的国家年度观测数据，考察了基尼系数和制造业工资不平等之间的关系。研究表明，在控制上述二元变量和制造业份额的情况下，这两种不平等指标之间存在非常密切的关系，表明两个数据库是衡量不平等的可靠数据。

然后使用更大观测范围的泰尔指数和制造业工资不平等来计算 EHII，将二元系数设为 0，这样可以将家庭总收入不平等标准化。加尔布雷斯和库姆（Galbraith and Kum，2005）以及加尔布雷斯等人（Galbraith et al.，2014）对这一过程进行了解释，并给出了 UTIP-UNIDO 和 EHII 的最新更新的数据。

为了构建 UTIP-UNIDO，我们假定一个国家有 n 个行业，每个行业的平均工资为 Y_i，占总就业人口的比重为 P_i。假设 Y 为该国所有

部门的平均工资,ln( )为自然对数,则泰尔指数的组间部分为 n 个行业不平等之和:

$$P_i(Y_i/Y) \times \ln(Y_i/Y)$$

因为许多国家的工业工资数据是容易获得的,UTIP 由此可以计算出更多年份、更多国家的工资不平等,以一个高度有效的方式估算收入不平等,我们对估计的可靠性充满信心,这些结果与结论可填写历史和地理记录的空白。

英美收入不平等的比较

图 A.1 为近年来美国公布的多种收入不平等的衡量指标,以及用粗黑线标出的 EHII 指数。如图例所示,市场收入不平等、总收入不平等和可支配收入不平等的衡量指标用不同深浅的黑色和灰色表示。可以看到,有很多不同的衡量标准,市场收入不平等非常严重,可支配收入不平等低得多,总收入不平等处于中等水平。然而,随着时间的推移,这三种收入类型的变动趋势相似,这表明美国不平等的加剧主要是由总收入和市场收入的影响因素导致的,而不是税收和转移支付的再分配功能造成的。事实上，这些政策的再分配功能可能对不平等程度有所改善，因为1994年之后，尽管市场收入和总收入的不平等持续加剧，但可支配收入不平等几乎没有增加。

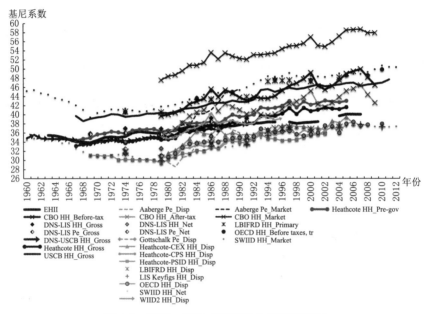

图 A.1　1960—2012 年美国收入不平等情况

　　1986年以前，EHII指标与总收入不平等指标的变动趋势基本保持一致，但之后两者出现了分化，EHII未能反映出美国国会预算办公室(Congressional Budget Office，CBO)在20世纪90年代和21世纪头10年报告的总收入不平等加剧的情况。正如第6章所讨论的，最有可能的原因是EHII是基于对工资不平等的衡量，而CBO系列中显示的锯齿形模式恰好与信息技术以及随后的房地产金融的繁荣与萧条相吻合。这有力地证明了资本资产收入在美国收入分配中所扮演的角色。很少有其他国家表现出如此强烈的影响,这可能是因为其他国家没有资本资产收入,或者即使有也没有有效地记录在数据中。无论如何,EHII在其他大多数国家都与总收入不平等保持相同的变动趋势。

图 A.2 为英国的收入不平等衡量指标。在 20 世纪 90 年代也有一点资本资产效应,但到了 2005 年左右似乎又消失了。

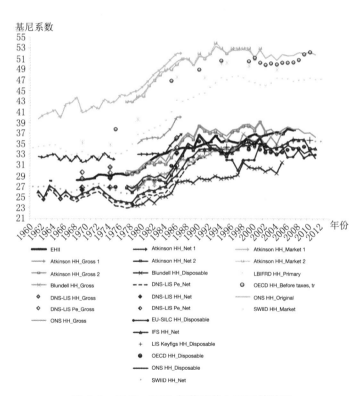

图 A.2　1960—2012 年英国收入不平等情况

下面提供美国数据资料来源的清单，以便读者了解所涉及的各种概念和调整。如果读者对英国和 EHII 数据库中大约 40 个国家的类似情况感兴趣，可以在 UTIP 网站 http://utip.gov.utexas.edu 查阅第 68 号工作论文。贝雅特丽齐·哈尔巴赫（Beatrice Halbach）收集数据并设计了这些图表。

美国：

Aaberge Pe_Disp：个人可支配收入（personal disposable income）；有关资料详见说明；基于密歇根大学调查研究中心开展的收入动态面板研究（PSID）的数据；可参见阿贝格尔等人（Aaberge et al., 2002）的研究。

Aaberge Pe_Market：个人市场收入（personal market income）；有关资料详见说明；基于密歇根大学调查研究中心开展的收入动态面板研究（PSID）的数据；可参见阿贝格尔等人（Aaberge et al., 2002）的研究。

CBO HH_After-tax：扣除联邦税和转移支付后的家庭收入（household income after federal taxes and after transfers）；平方根等价尺度；基于美国国税局（IRS）收集的收入统计数据（SOI），以及美国人口普查局人口现状调查（CPS）的年度社会经济补编和国会预算办公室(CBO)的数据。

CBO HH_Before-tax:扣除联邦税前和转移支付后的家庭收入
(household income before taxes and after transfers);平方根等价尺
度;基于美国国税局(IRS)收集的收入统计数据(SOI),以及美国人口
普查局人口现状调查(CPS)的年度社会经济补编和国会预算办公室
的数据。

CBO HH_Market:扣除联邦税和转移支付前的家庭市场收入
(household market income before taxes and before transfers);平方根
等价尺度;基于美国国税局(IRS)收集的收入统计数据(SOI),以及美
国人口普查局人口现状调查(CPS)的年度社会经济补编和国会预算
办公室(CBO)的数据。

DNS-LIS HH_Gross:家庭总收入(household gross income);最
初来源于 LIS 数据库;D&S 质量评级量表中具有"cs"质量等级的数
据;1996 年更新后版本的 DS 数据库(Deininger and Squire Data set)。

DNS-LIS Pe_Gross:个人总收入(personal gross income);最初来
源于 LIS 数据库;D&S 质量评级量表中具有"cs"质量等级的数据;
1996 年更新后版本的 DS 数据库。

DNS-LIS HH_Net:家庭净收入(household net income);最初来
源于 LIS 数据库;D&S 质量评级量表中具有"cs"质量等级的数据;

1996 年更新后版本的 DS 数据库。

DNS-LIS Pe_Net：个人净收入（personal net income）；最初来源于 LIS 数据库；D&S 质量评级量表中具有"cs"质量等级的数据；1996 年更新后版本的 DS 数据库。

DNS-USCB HH_Gross：家庭总收入；没有使用等价尺度；源自美国人口普查局（USCB）；D&S 质量评级量表中具有"接受"质量等级的数据；1996 年更新后版本的 DS 数据库。

EHII：家庭收入不平等估计数据库；得克萨斯大学不平等项目；总收入，没有使用等价尺度。

Gottschalk Pe_Disp：个人可支配收入（personal disposable income）；按人均家庭调整的等值；基于美国人口普查局（US Census Bureau）和美国劳工统计局（BLS）联合进行的人口现状调查（CPS）数据；可参见戈特沙尔克和斯密丁（Gottschalk and Smeeding，1997）的研究。

Heathcote-CEX HH_Disp：家庭可支配收入（household disposable income）；经济合作与发展组织（OECD）等价尺度；基于美国劳工统计局（BLS）提供的 1980 年至 2006 年消费者支出调查（CEX）数据；可参见希思科特（Heathcote，2010）的研究。

Heathcote-CPS HH_Disp：家庭可支配收入；经济合作与发展组

织(OECD)等价尺度;基于美国人口普查局(US Census Bureau)和美国劳工统计局(BLS)联合进行的人口现状调查(CPS)数据;可参见希思科特(Heathcote,2010)的研究。

Heathcote HH＿Gross:政府转移后税前家庭收入(household post-government pre-tax Income);未命名的等价尺度;基于美国人口普查局(US Census Bureau)和美国劳工统计局(BLS)联合进行的人口现状调查(CPS)数据;可参见希思科特(Heathcote,2010)的研究。

Heathcote HH_Pre-gov:政府转移前税前家庭收入(household pre-government income pretax income);未命名的等价尺度;基于美国人口普查局(US Census Bureau)和美国劳工统计局(BLS)联合进行的人口现状调查(CPS)数据;可参见希思科特(Heathcote,2010)的研究。

Heathcote-PSID HH_Disp:家庭可支配收入;经济合作与发展组织(OECD)等价尺度;基于密歇根大学调查研究中心开展的收入动态面板研究(PSID)的数据;可参见希思科特(Heathcote,2010)的研究。

LBIFRD HH_Disp:家庭可支配收入;采用平方根等价尺度;最初来源于 LIS 数据库;可参见卡米纳达和汪(Caminada and Wang,2011)的研究;莱顿预算发生率财政再分配数据库(Leiden Budget Incidence Fiscal Redistribution Database)。

LBIFRD HH_Primary：家庭基本收入（household primary income），采用平方根等价尺度；最初来源于 LIS 数据库；可参见卡米纳达和汪（Caminada and Wang，2011）；莱顿预算发生率财政再分配数据库（Leiden Budget Incidence Fiscal Redistribution Database）。

LIS Keyfigs HH_Disp：家庭可支配收入；采用平方根等价尺度；LIS 不平等和贫困数据库（LIS Inequality & Poverty Key Figures Database）。

OECD HH_Before taxes，tr：扣除税前和转移支付前家庭收入（household income before taxes and transfers）；未命名的等价尺度；经济合作与发展组织数据库（OECD. Stat Extracts database）。

OECD HH_Disp：扣除税后和转移支付后家庭可支配收入（household disposable income after taxes and transfers）；未命名的等价尺度；经济合作与发展组织数据库（OECD. Stat Extracts database）。

SWIID HH_Market：扣除税前和转移支付前家庭估计总收入（estimated household gross(pre-tax，pretransfer) income）；平方根等价尺度，以卢森堡收入研究数据为标准；弗雷德里克·索尔特（Frederick Solt），SWIID 4.0 版本。

SWIID HH_Net：家庭可支配估计收入；平方根等价尺度，以卢森堡收入研究数据为标准；弗雷德里克·奈尔特，SWIID 4.0 版本。

USCB HH_Gross：家庭货币总收入（household gross monetary income）；没有使用等价尺度；基于美国人口普查局（USCB）人口现状调查（CPS）的年度社会经济补编数据。

WIID2 HH_Disp：家庭可支配收入；没有使用等价尺度；源自布兰多里妮（Brandolini，1998）；基于美国人口普查局（US Census Bureau）和美国劳工统计局（BLS）联合进行的人口现状调查（CPS）数据；值的质量等级为"1"；联合国大学，联合国大学世界发展经济研究所（WIDER）—全球收入不平等数据库（WIID2）。

进一步阅读

本书作者关于不平等的著作：

Inequality and Instability：A Study of the World Economy Just Before the Great Crisis. New York：Oxford University Press，2012.

With Maureen Berner，ed.，*Inequality and Industrial Change：A Global View.* New York：Cambridge University Press，2001.

Created Unequal：The Crisis in American Pay. New York：The Free Press，1998. A Twentieth Century Fund Book. Paperback edition，University of Chicago Press，2000.

本书作者与 UTIP 合作者发表的论文：

"Unpacking the First Fundamental Law." *World Economic Review*，Issue No.69(October 2014). http://www.paecon.net/PAEReview/issue69/Galbraith69.pdf.

With Béatrice Halbach，Aleksandra Malinowska，Amin Shams，and Wenjie Zhang. "UTIP Global Inequality Data Sets 1963—2008：Updates，Revisions and Quality Checks." *UTIP Working Paper No.68*，May 6，2014.

With J. Travis Hale. "The Evolution of Economic Inequality in the United States，1969—2012：Evidence from Data on Inter-industrial Earnings and Inter-regional Incomes." *World Economic Review* 3（2013）：1—19. http://tinyurl.com/n2fbwst.

"Reducing Poverty：What Might We Learn?" *European Journal of Development*

Research 0(2011):1—4. doi: 10.1057/ejdr.2011.22.

"Inequality and Economic and Political Change: A Comparative Perspective." *Cambridge Journal of Regions, Economy and Society* (2010):1—15. doi: 10.1093/cjres/rsq014.

With Enrique Garcilazo. "Inequalities, Employment and Income Convergence in Europe: Evidence from Regional Data." In William Milberg and Pascal Petit, eds., *International Review of Applied Economics*, special issue on "Globalization, Growth and Economic Security: Varieties of Capitalism in the 21st Century," 24 (3) (2010):359—377. http://tinyurl.com/6couk88.

With Adem Y. Elveren. "Pay Inequality in Turkey in the Neoliberal Era." *European Journal of Comparative Economics* 6(2) (2009):177—206.

With Sara Hsu and Wenjie Zhang. "Beijing Bubble, Beijing Bust: Inequality, Trade and Capital Flow into China." *Journal of Current Chinese Affairs/China Aktuell* 2(2009):3—26.

"Inequality, Unemployment and Growth: New Measures for Old Controversies." *Journal of Economic Inequality* 7(2) (2009):189. http://www.springerlink.com/content/q601q00pq3280257/.

With Travis Hale. "State Income Inequality and Presidential Election Turnout and Outcomes." *Social Science Quarterly* 89(4) (2008):887—901. http://www3.interscience.wiley.com/journal/121455115/abstract?CRETRY=1&SRETRY=0.

With Travis Hale. "Salario y desigualdad de la renta en los E.E.U.U." *Claves de la Economía Mundial* (2008):333—341.

With Laura Spagnolo and Daniel Munevar. "Inequidad salarial en Cuba durante el Período Especial." *América Latina Hoy* 48(2008):109—148.

With Corwin Priest and George Purcell. "Economic Equality and Victory in War: An Empirical Investigation." *Defense and Peace Economics* 18 (5) (2007): 431—449.

"Global Inequality and Global Macroeconomics." *Journal of Policy Modeling* 29 (2007):587—607. http://dx.doi.org/10.1016/j.jpolmod.2007.05.008.

With Laura Spagnolo and Sergio Pinto. "Economic Inequality and Political Power: A Comparative Analysis of Argentina and Brazil." *Business and Politics*, Berkeley Electronic Press, 9(2007):1.

With Travis Hale. "American Inequality: From IT Bust to Big Government Boom." *The Economists' Voice* 3(8) (2006): article 6.

With Enrique Garcilazo. "Pay Inequality in Europe 1995—2000: Convergence Between Countries and Stability Inside." *European Journal of Comparative Economics*, 2(2) (2005):139—175.

With Hyunsub Kum. "Estimating the Inequality of Household Incomes: Toward a Dense and Consistent Global Data Set." *Review of Income and Wealth*, Series 51, Number 1(March 2005):115—143.

"Tracking the Rise of Inequality in Russia and China." *WIDER Angle* 2(2005):4—7.

"Global Inequality and Global Policy." *Journal of Catholic Social Thought* 2(1) (2005):125—151.

With Deepshikha Roy Chowdhury and Sanjeev Shrivastava. "Pay Inequality in the Indian Manufacturing Sector, 1979—1998." *Economic and Political Weekly*, New Delhi, 39(28) (2004):3139—3148.

With Ludmila Krytynskaia and Qifei Wang. "The Experience of Rising Inequality in Russia and China during the Transition." *European Journal of Comparative Economics* 1(1) (2004). Also in Russian in *Mir Peremen*(World of Transformations) 1(2) (2004):87—100.

With Enrique Garcilazo. "Unemployment, Inequality and the Policy of Europe, 1984—2000." *Banca Nazionale del Lavoro Quarterly Review* LVII (228) (2004):3—28. Reprinted in Richard P.F. Holt and Steven Pressman, eds., *Empirical Post Keynesian Economics: Looking at the Real World*. Armonk, NY: M.E. Sharpe, 2007, 44—69.

With Hyunsub Kum. "Inequality and Economic Growth: A Global View Based on Measures of Pay." *CESifo Economic Studies* 49(4) (2003):527—556.

With Pedro Conceição. "Technological intensity and inter-sectoral dynamics of inequality: evidence from the OECD, 1970—1990." *International Journal of Technology Policy and Management* 2(3) (2002):315—337.

"A Perfect Crime: Inequality in the Age of Globalization." *Daedalus* (Winter 2002): 11—25.

"The Importance of Being Sufficiently Equal." *Social Policy and Philosophy* 19(1) (2002). Also published in Ellen Frankel Paul, Fred D. Miller Jr., and Jeffrey Paul, eds. *Should Differences in Income and Wealth Matter?* New York: Cambridge University Press, 2002, 201—225.

With Pedro Conceição and Peter Bradford. "The Theil Index in Sequences of Nested and Hierarchical Grouping Structures: Implications for the Measurement of Inequality Through Time, with Data Aggregated at Different Levels of Industrial Classification." *Eastern Economic Journal* 27(4) (Fall 2001):491—514.

"Inequality and Poverty." In *Vincentian Chair of Social Justice*, Vol.5, 1999 Presentations(2000):10—13.

With Pedro Filipe Teixeira da Conceição. "Constructing Long and Dense Time Series of Inequality Using the Theil Statistic." *Eastern Economic Journal* 26 (1) (2000):61—74.

With Paulo Du Pin Calmon, Pedro Filipe Teixeira da Conceição, Vidal Garza-Cantú and Abel Hibert. "The Evolution of Industrial Wage Inequality in Mexico and Brazil." *Review of Development Economics* 4(2) (2000):194—203.

With Pedro Conceição and Pedro Ferreira. "Inequality and Unemployment in Europe: The American Cure." *New Left Review* 237(September—October 1999):28—51.

With Thomas Ferguson. "The American Wage Structure, 1920—1947." *Research in Economic History* 19(1999):205—257.

With Vidal Garza-Cantú. "Inequality in American Manufacturing Wages, 1920—1998: A Revised Estimate." *Journal of Economic Issues* 32 (Summer 1999): 735—743.

"Globalization and Pay." *Proceedings of the American Philosophical Society* 143(2) (1999):178—186.

"Inequality and Unemployment: An Analysis across Time and Countries." *Research on Economic Inequality* 8(1998). Daniel Slottje, Series editor, Stamford, CT: JAI Press, 121—154.

With Paulo Du Pin Calmon. "Wage Change and Trade Performance in U.S. Manufacturing Industries." *Cambridge Journal of Economics* 20(4) (1996):433—450.

参考文献

Aaberge, Rolf, Anders Björklund, Markus Jäntti, Mårten Palme, Peder Pedersen, Nina Smith, and Tom Wennemo. 1996. "Income Inequality and Income Mobility in the Scandinavian Countries Compared to the United States." *Working Paper Series in Economics and Finance 98*, Stockholm School of Economics, revised August 2002.

Atkinson, Anthony B., Thomas Piketty, and Emmanuel Saez. 2011. "Top Incomes in the Long Run of History." *Journal of Economic Literature*, American Economic Association, 49(1):3—71.

Baker, Dean, Andrew Glyn, David Howell, and John Schmitt. 2002. "Labor Market Institutions and Unemployment: A Critical Assessment of the Cross-Country Evidence." *The Schwartz Center Working Paper No.17.*

Birdsall, Nancy, David Ross, and Richard Sabot. 1995. "Inequality and Growth Reconsidered: Lessons from East Asia." *The World Bank Economic Review* 9(3): 477—508.

Black, William K. 2005. *The Best Way to Rob a Bank Is to Own One.* Austin: The University of Texas Press.

Bluestone, Barry, and Bennett Harrison. 1988. *The Great U-Turn: Corporate Restructuring and the Polarizing of America.* New York: Basic Books.

Bollen, Kenneth A. 1980. "Issues in the Comparative Measurement of Political Democracy." *American Sociological Review* 45(June):370—390.

Bound, John, and George Johnson. 1992. "Changes in the Structure of Wages in the 1980s: An Evaluation of Alternative Explanations." *American Economic Review* 82:371—392.

Brandolini, A. 1998. *A Bird's-Eye View of Long-Run Changes in Income Inequality.* Roma: Banca d'Italia Research Department.

Bremer, Stuart A. 1992. "Dangerous Dyads: Conditions Affecting the Likelihood of Interstate War, 1816—1965." *Journal of Conflict Resolution* 36(2):309—341.

Calmon, Paulo Du Pin, Pedro Filipe Teixeira da Conceição, James K. Galbraith, Vidal Garza-Cantú, and Abel Hibert. 2000. "The Evolution of Industrial Wage Inequality in Mexico and Brazil." *Review of Development Economics* 4(2): 194—203.

Caminada, Koen, and Chen Wang. 2011. "Disentangling Income Inequality and the Redistributive Effect of Social Transfers and Taxes in 36 LIS Countries." Department of Economics Research Memorandum, Leiden Law School. http://www.law.leidenuniv.nl/org/fisceco/economie/hervormingsz/datawelfarestate.html.

Cobham, Alex. 2014. *Palma vs Gini: Measuring post-2015 inequality.* Center for Global Development, http://tinyurl.com/pkym9yo. Accessed December 19, 2014.

Conceição, Pedro, and James K. Galbraith. 2000. "Constructing Long and Dense Time Series of Inequality Using the Theil Statistic." *Eastern Economic Journal* 26(1):61—74.

Conceição, Pedro, and James K. Galbraith. 2001. "Towards a New Kuznets Hypothesis: Theory and Evidence on Growth and Inequality." In *Inequality and Industrial Change: A Global View*, edited by James K. Galbraith and Maureen Berner. New York: Cambridge University Press.

Conceição, Pedro, James K. Galbraith, and Peter Bradford. 2001. "The Theil Index in Sequences of Nested and Hierarchical Grouping Structures: Implications for the Measurement of Inequality Through Time, With Data Aggregated at Different Levels of Industrial Classification." *Eastern Economic Journal* 27(4):491—514.

Conceição, Pedro, and Pedro Ferreira, 2000. *The Young Person's Guide to the Theil*

Index. UTIP Working Paper No.14, http://utip.gov.utexas.edu.

Darity, William A., Jr., and Samuel Myers. 1999. *Persistent Disparity: Race and Economic Inequality in the United States since 1945*. New York: Edward Elgar.

Deininger, Klaus, and Lyn Squire. 1996. "A New Data Set Measuring Income Inequality." *World Bank Economic Review*, World Bank Group, 10(3):565—591.

Deininger, Klaus, and Lyn Squire. 1998. "New Ways of Looking at Old Issues: Inequality and Growth." *Journal of Development Economics* 57(2):259—287.

DiNardo, John, and Jorn-Steffen Pischke. 1996. "The Returns to Computer Use Revisited: Have Pencils Changed the Wage Structure Too?" National Bureau of Economic Research Working Paper No.5606, June.

Ferguson, Thomas, and James K. Galbraith. 1999. "The American Wage Structure, 1920—1947." *Research in Economic History* 19:205—257.

Forbes, Kristin J. 2000. "A Reassessment of the Relationship between Inequality and Growth." *American Economic Review* 90(4):869—887.

Galbraith, James K. 1998. *Created Unequal: The Crisis in American Pay*. New York: Free Press.

Galbraith, James K. 2008. *The Predator State: How Conservatives Abandoned the Free Market and Why Liberals Should Too*. New York: Free Press.

Galbraith, James K. 2012. *Inequality and Instability: A Study of the World Economy Just Before the Great Crisis*. New York: Oxford University Press.

Galbraith, James K. 2014. "Kapital for the 21st Century?" A Review of *Capital in the 21st Century*, by Thomas Piketty. *Dissent*(Spring): 77—82.

Galbraith, James K., Amin Shams, Béatrice Halbach, Aleksandra Malinowska, and Wenjie Zhang. 2014. "The UTIP Global Inequality Data Sets 1963—2008: Updates, Revisions and Quality Checks." *UTIP Working Paper No.68*.

Galbraith, James K., and Enrique Garcilazo. 2004. "Unemployment, Inequality and the Policy of Europe: 1984—2000." *Banca Nazionale del Lavoro Quarterly Review* 57(228):3—28.

Galbraith, James K., and George Purcell. 1999. "Inequality and State Violence: A

Preliminary Report." *UTIP Working Paper No.4*. http://utip.gov.utexas.edu/papers/utip_04enc.pdf.

Galbraith, James K., and Hyunsub Kum. 2003. "Inequality and Economic Growth: A Global View Based on Measures of Pay." *CESifo Economic Studies* 49(4): 527—556.

Galbraith, James K., and Hyunsub Kum. 2005a. "Estimating the Inequality of Household Incomes: A Statistical Approach to the Creation of a Dense and Consistent Global Data Set." *Review of Income and Wealth* 1:115—143.

Galbraith, James K., and Hyunsub Kum. 2005b. "Estimating the Inequality of Household Incomes: Toward a Dense and Consistent Global Data Set." *Review of Income and Wealth*, Series 51, No.1(March):115—143.

Galbraith, James K., and J. Travis Hale. 2006. "American Inequality: From IT Bust to Big Government Boom." *The Economists' Voice* 3(8).

Galbraith, James K., Ludmila Krytynskaia, and Qifei Wang. 2004. "The Experience of Rising Inequality in Russia and China during the Transition." *The European Journal of Comparative Economics* 1(1):87—106.

Galbraith, John Kenneth. 1958. *The Affluent Society*. Boston: Houghton-Mifflin.

Goldin, Claudia, and Lawrence Katz. 2010. *The Race Between Education and Technology*. Cambridge, MA: Belknap Press.

Gottschalk, Peter, and Timothy M. Smeeding. 1997. "Cross-National Comparisons of Earnings and Income Inequality." *Journal of Economic Literature* 35(2): 633—687.

Harris, John R., and Michael P. Todaro. 1970. "Migration, Unemployment and Development: A Two-Sector Analysis." *The American Economic Review* 60(1): 126—142.

Harrison, Mark. 1998. "The Economics of World War II: An Overview." In Mark Harrison, ed., *The Economics of World War II: Six Great Powers in International Comparison*. Cambridge: Cambridge University Press.

Heathcoat, Jonathan, Fabrizio Perri, and Giovanni L. Violante. 2010. "Unequal We

Stand: An Empirical Analysis of Economic Inequality in the United States: 1967—2006." *Review of Economic Dynamics*, *Elsevier for the Society for Economic Dynamics* 13(1):15—51.

Hirschleifer, Jack. 2001. *The Dark Side of Force: Economic Foundations of Conflict Theory*. New York: Cambridge University Press.

Howell, David. 1997. *Institutional Failure and the American Worker*. Rhinebeck, NY: Jerome Levy Economics Institute of Bard College Policy Brief.

Hsu, Sara. 2008. "The Effect of Political Regimes on Inequality, 1963—2008." *UTIP Working Paper No.53*. http://utip.gov.utexas.edu/papers/utip_53.pdf.

"Income Distribution—Inequality." Stat Extracts. Organisation for Economic Co-operation and Development(OECD). http://www oecd. org/els/soc/inequality-database.htm.

Kapstein, Ethan B. 2003. "Two Dismal Sciences Are Better Than One—Economics and the Study of National Security." *International Security* 27(3):158—187.

Kennedy, Paul M. 1987. *The Rise and Fall of the Great Powers: Economic Change and Military Conflict from 1500 to 2000*. New York: Random House.

Keynes, John Maynard. 1919. *The Economic Consequences of the Peace*. London: MacMillan.

Kuznets, Simon. 1955. "Economic Growth and Income Inequality," Presidential Address to the American Economic Association, *American Economic Review*, 45(1):1—28. March.

Lawrence, Robert Z., and Matthew J. Slaughter. 1993. "International Trade and American Wages in the 1980's: Giant Sucking Sound or Small Hiccup?" *Brookings Papers on Economic Activity*, Fall 1993, No.2.

Luxembourg Income Study. http://www. lisdatacenter. org/. Accessed December 19, 2014.

Luxembourg Income Study(LIS). 2005. Estimates calculated by WIDER using the unit record data provided in the LIS database as above in June 2005. Restricted online database.

Maoz, Zeev, and Nasrin Abdolah. 1989. "Regime Types and International Conflict, 1816—1976." *Journal of Conflict Resolution* 33(March):3—35.

Martin, Andrew. 1981. "Economic Stagnation and Social Stalemate in Sweden." In *Monetary Policy, Selective Credit Policy and Industrial Policy in France, Britain West Germany and Sweden*. Washington, DC: Joint Economic Committee.

Marx, Karl. 1867. *Capital*.

Mehta, Aashish, Jesus Felipe, Pilipinas Quising, and Shiela Camingue. 2013. "Where Have All the Educated Workers Gone? Services and Wage Inequalities in Three Asian Economies." *Metroeconomica* 64:3; 6—497. doi: 10.1111/meca.12014.

Milanovic, Branko. 2012. *The Haves and the Have-Nots: A Brief and Idiosyncratic History of Global Inequality*. New York: Basic Books.

Mishel, Lawrence, and Natalie Sabadish. 2012. "How Executive Compensation and Financial-Sector Pay Have Fueled Income Inequality." *Economic Policy Institute Issue Brief* #331.

Olson, Mancur, and Richard Zeckhauser. 1966. "An Economic Theory of Alliances." *Review of Economics and Statistics* 48(3):266—279.

Piketty, Thomas. 2014. *Capital in the Twenty-first Century*. Cambridge, MA: Harvard University Press.

Piketty, Thomas, et al. *The World Top Incomes Database*. http://topincomes.parisschoolofeconomics.eu/. Accessed December 19, 2014.

Procopius, History of the Wars, 7 vols., trans. H.B. Dewing. Cambridge, MA, and London: Harvard University Press and Wm. Heinemann, 1914; reprint ed., 1953—1954, II. 11—23. Scanned and modernized by J.S. Arkenberg, Dept. of History, California State, Fullerton.

Rawls, John. 1971. *A Theory of Justice*. Cambridge, MA: Belknap Press of Harvard University Press.

Reiter, Dan, and Allan J. Stam. 2002. *Democracies at War*. Princeton, NJ: Princeton University Press.

Ricardo, David. 1817. *Principles of Political Economy and Taxation, and Notes on*

Malthus, in Piero Sraffa, ed., 1951, *The Works and Correspondence of David Ricardo*. Cambridge: Cambridge University Press.

Rousseau, Jean-Jacques. 1755. *Discourse on the Origins of Inequality*.

Schumpeter, Joseph A. 1942. *Capitalism, Socialism and Democracy*. Cambridge, MA: Harvard University Press.

Small, Melvin, and J. David. Singer. 1976. "The War Proneness of Democratic Regimes, 1816—1965." *Jerusalem Journal of International Relations* 1(Summer): 50—69.

Small, Melvin, and J. David Singer. 1982. *Resort to Arms: International and Civil Wars 1816—1980*. Thousand Oaks, CA: Sage.

Smith, Adam. 1776. *An Inquiry into the Nature and Causes of the Wealth of Nations*.

Solt, Frederick. 2009. "Standardizing the World Income Inequality Database." *Social Science Quarterly* 90(2):231—242.

Solt, Frederick. *The Standardized World Income Inequality Dataset*. http://myweb.uiowa.edu/fsolt/swiid/swiid.html. Accessed December 19, 2014.

Stiglitz, Joseph. 2014. *The Price of Inequality*. New York: W.W. Norton.

"The Distribution of Household Income and Federal Taxes, 2010." 2013. Report by the US Congressional Budget Office. Washington, DC. December.

Theil, Henri. 1972. *Statistical Decomposition Analysis: With Applications in the Social and Administrative Sciences*. Amsterdam-London: North Holland Publishing Company.

Tilly, Charles. 1998. *Durable Inequality*. Berkeley: University of California Press.

"Trends in the Distribution of Household Income Between 1979 and 2007." 2011. Report by the US Congressional Budget Office. Washington, DC. October.

US Census Bureau, Current Population Survey, Annual Social and Economic Supplements. Historical Income Table H-4. Washington, DC.

Van Zanden, J. L. 1995. "Tracing the Beginning of the Kuznets Curve: Western Europe during the Early Modern Period." *The Economic History Review* 48(4): 643—664.

Veblen, Thorstein. 1899. *Theory of the Leisure Class*.

Weede, Erich. 1984. "Democracy and War Involvement." *Journal of Conflict Resolution* 28(4):649—664.

Weede, Erich. 1992. "Some Simple Calculations on Democracy and War Involvement." *Journal of Peace Research* 29(4):377—383.

Wilkinson, Richard, and Kate Pickett. 2009. *The Spirit Level: Why More Equal Societies Almost Always Do Better*. London: Allan Lane.

Wolff, Edward N. 2010. "Recent Trends in Household Wealth in the United States: Rising Debt and the Middle-Class Squeeze—an Update to 2007." *Levy Institute Working Paper No. 589*. http://www.levyinstitute.org/pubs/wp_589.pdf. Accessed December 19, 2014.

Wood, Adrian. 1994. *North-South Trade, Employment and Inequality: Changing Fortunes in a Skill-Driven World*. Oxford: Clarendon Press.

World Bank. 2007. *World Development Indicators Online*. http://www.worldbank.org/.

World Income Inequality Database(WIID2). 2013. United Nations University—World Institute for Development Economics Research, UNU-WIDER.

Wright, Noah. "Data Visualization in *Capital in the 21st Century*." *UTIP Working Paper No. 70*.

译后记

　　本书从不平等的哲学起源开始梳理了当前不平等问题的研究成果,既是一部经济思想史书,又是一部研究不平等问题的工具书;既适用于从事不平等研究的专家学者,也适用于没有经济学基础的普通读者;读者既可以一目了然地把握不平等问题研究的演化脉络,又可以找到未来进一步深入研究的学术方向。本书语言行文平实而不失深度,简单却意味深长,这得益于作者 20 多年来锲而不舍、久久为功的深入研究,也得益于庞大的研究团队。

　　不平等问题是每个人必然面对的现实,正如卢梭所言:"人人生而自由平等,却无往不在枷锁之中",每个人都有可能面临各种各样的不平等,经济不平等、种族歧视、性别歧视等,不平等无处不在,时刻困扰着每个人。没有人想要成为不平等的劣势方,却又说不清楚为什么会处于劣势;没有人愿意作为不平等的劣势方,却又说不清楚如何才能与人平等。本书致力于让人们拨开思想的迷雾,从杂乱丛生的现象中厘清不平等本质，让不平等回归更多大众的视线。

本书主体共分为 12 章。第 1 章是本书的总纲，既包括不平等的概念界定，又包括不平等的现状分析，以此为引子，探讨为什么经济不平等必须人人应知。第 2 章从经济思想史的视角梳理了不平等研究史上波澜壮阔的思想碰撞，从斯密到马克思，从凯恩斯到熊彼特，最终落脚在不平等研究的集大成者库兹涅茨身上，全书在许多地方对库兹涅茨的研究做了充分的肯定。对经典著作的概述通俗易懂，评论一针见血。第 3 章介绍不平等的类型，包括种族、性别、国籍等，当然这都不是经济学研究的重点，而在如何减少不平等中也划分为政治不平等与经济不平等两个维度。第 4 章开始系统介绍经济不平等的概念和衡量标准，当然，作者尽量用最通俗的语言介绍这些术语。第 5 章讨论了另外一个相当学术性的话题，即不平等的衡量方法。为了本书一直以来强调的可读性，作者以自问自答的形式更加细致地解释了各种衡量指标。第 6 章重点剖析了美国收入不平等状况变化的成因，分别从微观、中观和宏观层面进行了深入详细的阐述。第 7 章以更加宏大的视角探析了全球不平等变化的原因，寻找经济不平等的规律。第 8 章批判性地介绍了皮凯蒂的《21 世纪资本论》的研究结论，认为我们或许不会像皮凯蒂说的那样回到维多利亚时代。第 9 章从不平等本身中跳脱出来，分析不平等的加剧可能带来的后果及影响。第 10 章紧随其后介绍了应对不平等的政策,并指出这一领域的研究仍然存在诸多谜题和挑战,希望更多的学者能够投身其中。第11章不可回避地探讨了财富这一问题,着墨不多但意义重大,尤其是鲜明地指出了财富的确就是权力。第12章做了一个十分有意思的研究,并谦虚的称之为"题外话",但实际上回答了一个重要的问题,就是经济平等的国家通常取得战争胜利的概率更大。

作为长期关注和研究不平等问题的学者,翻译本书对我而言是一种享受,在翻译的过程中仿佛展开了与作者心灵的对话,他帮助我重温了不平等问题的起源、本质、现状、成因等等,让过去在书本上、研究过程中学习到的繁复庞杂的知识以一种形象的、生动的、系统的模样跃然纸上,让萦绕脑海许久的问题变得清晰、明朗起来,于我而言,这是一种学术上的成长乃至飞跃。十分感谢格致出版社给我这样的机会,如若不是他们发掘了这本小书并毅然决定将其展示于中国读者面前,我也便不会有如此大的收获。

当然这本书也不是完美的,它提出了很多重要的问题,虽然做了很多有益的尝试,但最终并没有给出让人满意的答案。当然这种要求实际上是一种苛责,因为直到今天,也没有哪一位学者真正有能力解决不平等及其带来的各种各样的问题,而面对这些问题只是望洋兴叹是没有意义的。这也是中国这样一个一直致力于消灭贫困、实现共同富裕的国家的伟大之处，倍感珍惜生于中国这样一个如此重视解决不平等问题的国家。反观诸多发达国家，他们的民众虽然认为人人生而平等，但始终无法凭己之力获得"平等"，当他们诉诸政府为其解决这些问题的时候，却发现制度设计的理念是"自由选择想要的生活"，而这种"自由"恰恰是最具有迷惑性的，背后蕴藏的可能是"拜物教"的迷思，这或许就决定了发达国家不会、也不可能解决不平等的问题。诗经有云：他山之石，可以攻玉，虽然我们与世界上其他国家有着不同的国情，有着不同的理想追求，但是也不妨碍我们通过了解世界上其他国家不平等的现状以及应对，积极借鉴人类文明的一切有益成果，朝着共同富裕的目标，探索破解不平等问题的有效途径。

事实上，经济学界对不平等的研究并非面面俱到，尤其是囿于数据可得性和研究难度的限制，更多的在工资、收入和财富等经济层面，本书也不例外。但整体而言，原著语言朴实，可读性极强，内容严谨详实，学术性极强，值得所有人推广阅读。译者在翻译风格上讲求既忠实原著风格，又尽量符合中文习惯。因译者时间和水平有限，译文中的错误和疏漏之处在所难免，真诚欢迎广大读者批评指正。

图书在版编目(CIP)数据

经济不平等 ：人人应知的事 /（美）詹姆斯·K. 加
尔布雷思著 ；吴婷译. — 上海 ：格致出版社 ：上海人
民出版社，2024.1
ISBN 978 - 7 - 5432 - 3276 - 1

Ⅰ. ①经… Ⅱ. ①詹… ②吴… Ⅲ. ①收入差距-研
究 Ⅳ. ①F014.4

中国国家版本馆 CIP 数据核字(2023)第 221449 号

责任编辑 王浩淼
装帧设计 路 静

经济不平等：人人应知的事
［美］詹姆斯·K. 加尔布雷思 著
吴婷 译

出	版	格致出版社
		上海人 出版社
		(201101 上海市闵行区号景路 159 弄 C 座)
发	行	上海人民出版社发行中心
印	刷	上海商务联西印刷有限公司
开	本	720×1000 1/16
印	张	15.5
插	页	2
字	数	133,000
版	次	2024 年 1 月第 1 版
印	次	2024 年 1 月第 1 次印刷
		ISBN 978 - 7 - 5432 - 3276 - 1/F·1393
定	价	68.00 元